있는 그대로 인도

있는 그대로 인도

김기상 지음

초록비책공방

이 책은 역사는 길고, 인구는 많고, 땅은 넓고, 인종과 문화는 다양하고 복잡해 제대로 이해하기 어려운 인도에 대한 친절한 안내서이다. 인도라는 나라를 청소년 독자들에게 하나씩 풀어서 설명함으로써 어느 한쪽에 치우치지 않고 조금은 객관적으로 볼 수 있도록 도와주고 있다.

더 나아가 우리 청소년들이 좀 더 일찍 인도를 알고 인도의 가능성과 가치를 인식해 미래를 준비하는 지혜를 이 책을 통해 얻었으면 한다. 인도는 현재는 물론 미래 세대가 당면하는 모든 문제와 그 해결의 실마리를 함께 찾을 수 있는 나라이기 때문이다.

우리 가족이 처음 인도에 왔을 때 아들은 인도 아이들의 사고방식이나 가치 체계가 우리와는 너무 달라 학교 생활을 힘들어했다. 그때 나는 아들에게 이렇게 말했다.

"네가 커서 한국이 아닌 해외에서 활동하려면 반드시 인도 사람들과 잘 지내는 법을 배워야 한단다."

이 말이 아들에게 위로가 되었을지는 모르겠다. 하지만 이

건 엄연한 현실이다. 인도가 미국, 중국에 필적할 만한 대국으로 G3의 반열에 들어갈 수 있을지는 좀 더 지켜봐야 하겠지만 인도 사람들은 내가 지난 10년간 살았던 아프리카는 물론 중동, 미국, 유럽 등 전 세계에 없는 곳이 없다. 그들은 어디에 살고 있든 현지에서 중요한 역할을 하고 있다. 그리고 이들의 영향력은 앞으로 더욱 커질 것이 분명하다.

이 책의 저자인 김기상 한국수출입은행 뉴델리 사무소장은 국제 개발 협력 분야의 최고 전문가로서 경제 발전, 빈곤, 사회적 불평등 문제는 물론 그 원인이 되는 역사와 문화적 배경에 대한 깊이 있는 지식을 독자의 눈높이에 맞는 쉬운 언어로 표현했다. 누구나 부담 없이 읽을 수 있도록 썼기 때문에 청소년은 물론 자녀의 진로를 놓고 고민하는 학부모와 선생님들에게도 이 책을 추천한다. 또한 각 단원 마지막에 '함께 생각하고 토론하기'를 통해 읽고 이해한 내용을 가정과 학교에서 꼭 적용해보기를 권하는 바이다.

— 한국국제협력단*KOICA* 인도 주재원 장우찬

프롤로그

방송이 담지 못한 인도의 실제 모습

'인도'라는 이름을 듣는 순간 여러분의 머릿속에는 어떤 이미지가 떠오르는가? 빈곤, 부정부패, 카스트, 엄청난 수준의 공기 오염, 여성 차별, 길 위를 돌아다니는 소 떼 같은 것만 떠오를 수 있다. 2020년 이후 전 세계를 강타한 코로나19 사태 속에서 사망자들을 노천에서 화장하던 모습, 살아있는 환자와 죽어있는 시체가 같은 병실에서 뒤엉켜 있는 충격적인 모습을 기억하는 사람도 많을 것이다. 그렇다면 인도는 가난과 결핍, 무질서와 부정부패만 가득한 나라일까? 그곳은 사람이 살기 어려운 척박하고 고통스러운 땅일까?

우리나라를 방문한 적 없는 대부분의 외국인은 우리나라를 '아직도 전쟁 중인 위험한 국가'라고 알고 있다. 하지만 실제로 우리나라를 방문해본 외국인들은 놀라울 정도로 풍성한 문화와 역사를 간직한 역동적이고 안전한 국가라는 것을 금세 깨닫는다. 인도 역시 마찬가지이다. 이 책에는 짧게 스쳐 지나가는 TV 뉴스 속 선정적이고 충격적인 영상이 담아내지 못한 실제 인도 사람들의 일상과 종교 그리고 사회상이 담겨 있다. 자극적이고 선정적인 유튜브 동영상과 틱톡 쇼츠가 우리에게 알려주지 못하는 풍요롭고 역동적인 그리고 때로는 묵직한 메시지를 던져주는 인도의 참모습을 입체적으로 담아내고자 노력했다.

인도 사람들은 수천 년 동안 알게 모르게 인류의 진보와 발전에 엄청난 공헌을 해왔다. 그들은 인류 4대 문명 중 하나인 인더스 문명의 후예로서 서양의 대표적 서사시인 일리아드와 오디세이를 합한 것보다 8배나 긴 엄청난 서사시를 구전으로 전승해온 민족이다. 수학과 논리학의 시작점이라 할 수 있는 '0'이라는 개념을 정립한 이들도 인도 사람이다. 체스 게임을 포함한 다양한 보드게임을 발명해 인류에게 지적 유희를 선사해주었을 뿐 아니라 요가를 창시해 전 세계 사람들에게 건강을 선물하기도 했다. 대용량 정보를 간편하게 휴대할 수 있는 USB와 광통신 역시 인도 사람들의 공헌이 없었다면 불가능했을 과학적인 성과였다. 아시아인 최초로 노벨 문학상, 노벨 경제학상, 노벨 물리학상을 수상한 사람 모두 인도인이었다. 이렇듯 인류는 인도와 인도 사람들에게 많은 것을 빚지고 있다.

인도와 우리나라는 면적, 인구 규모, 경제 수준 그리고 인종과 종교의 구성에서 엄청난 차이를 보인다. 하지만 1947년 영국의 식민 지배를 벗어나 독립 국가로서 국제 무대에 처음 등장한 인도는 여러 가지 면에서 우리나라와 유사한 점이 많다. 비슷한 시기에 독립을 맞이했고, 얼마 되지 않아 나라가 분단

되는 슬픔을 겪었으며, 인접 국가로부터 군사적 위협에 시달리고 있다는 점 등이 유사하다. 가족 간의 정을 중요시하고, 자신들의 문화와 전통에 대한 자부심이 강하다는 점 또한 우리나라와 비슷하다. 산업 구조 측면에서도 제조업 발전을 희망하는 인도와 저렴한 생산 기지를 찾는 우리나라의 이해관계가 정확히 일치한다.

하지만 두 나라 사이에 여전히 많은 오해와 편견이 자리 잡고 있는 것 또한 사실이다. 그렇기에 많은 사람이 인도를 그저 '못사는 나라', '이해하기 어려운 나라'라고만 생각하고 있다.

나에게도 인도는 여전히 '쉽지 않은 나라'이다. 인도에 도착한 첫날, 미세 먼지 지수는 한국에서 경험해보지 못한 놀라운 숫자였다. 공항 밖으로 한 걸음 나서자마자 마주한 엄청난 인파와 릭샤 그리고 자동차가 만들어내는 카오스 또한 깜짝 놀랄 만했다. 끔찍했던 코로나19 사태 역시 인도에서의 생활을 힘들게 만들었다.

하지만 이제 인도는 세계 어느 나라보다 빠르게 경제 회복을 향한 잰 발걸음을 재촉하고 있다. 제조업 부흥과 외국인 투자 유치를 통해 급변하는 국제 정세를 최대한 유리하게 활용하려고 하고 있다.

인도라는 나라가 주는 부정적인 선입견을 잠시만 접어두고 이 책의 첫 장을 넘겨보기를 바란다. 웅장한 히말라야산맥에서 시작해 태양이 작열하는 사막, 끝이 보이지 않을 정도로 펼쳐진 차밭으로 이루어진 인도의 자연 경관이 눈앞에 펼쳐질 것이다. 수천 년의 역사 속에서 서남아시아를 호령했던 군주들과 이들이 남긴 매혹적이고 거대한 문화유산 또한 눈길을 잡아끌 것이다. 그리고 가난과 더러움이 아닌 풍성하고 다채로운 향신료의 향기와 젊고 역동적인 볼리우드 영화 속의 흥겨운 춤과 노래가 오감(伍感)을 즐겁게 할 것이다.

이 책을 쓰면서 잘 알려지지 않은 인도의 모습과 인도가 바라보는 미래의 청사진 그리고 그 미래로 가는 길에 대한 설명 또한 빼먹지 않으려 애를 썼다. 빠르게 발전하는 IT 산업, 급변하는 국제 정세에 대처하는 모습, 과거의 굴레를 벗어나기 위한 눈물겨운 인도 사람들의 노력도 다루었다.

2023년은 우리나라와 인도가 외교 관계를 수립한 지 50주년이 되는 뜻깊은 해이다. 아무쪼록 우리의 젊은 독자들이 이 책을 통해 인도라는 거대한 가능성의 땅이 가진 다채로운 면모를 발견할 수 있다면 더 이상 바랄 것이 없겠다.

차 례

1부 나마스테! 인도

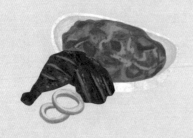

2부 인도 사람들의 이모저모

3부 역사로 보는 인도

4부 문화로 보는 인도

5부 여기를 가면 인도가 보인다

퀴즈로 만나는
인도

다음의 퀴즈는 이 책을 보기 전에 알아두면 좋을 인도에 대한 가장 기본적인 정보이다. 정답을 다 맞히지 못하더라도 퀴즈를 풀다 보면 인도에 대한 호기심이 조금씩 생길 것이다.

Q1.

인도 사람 열 명 중 8명이 믿는 종교로
윤회 사상과 다신교라는 특징을 가진
이 종교는 무엇일까요?

Answer. 힌두교

힌두교는 인도와 네팔을 중심으로 서남아시아에 분포한 대표적인 다신교
이다. 전 세계 인구의 약 15퍼센트에 해당하는 11억 명가량이 힌두교도로
알려져 있다.

● 뉴델리에 소재한 악셔르담 힌두 사원

Q2.

"

영국령 인도는 1947년에 독립하면서
두 개의 나라로 나뉘었는데
각각 어디일까요?

"

Answer. 인도와 파키스탄

1947년 영국이 철수하면서 영국령 인도는 인도와 파키스탄으로 분리되었다.
파키스탄에 살던 힌두교도 중 상당수는 인도로, 인도에 살던 이슬람교도의
상당수는 파키스탄으로 이주했다.

● 1947년 독립 당시 고향을 떠나는 피난민들의 행렬

Q3.

"

11명씩 두 팀으로 나누어
교대로 공격과 수비를 하면서
공을 배트로 쳐서 득점을 겨루는
인도의 국민 스포츠는 무엇일까요?

"

Answer. 크리켓

1600년대 영국에서 만들어진 크리켓은 현대 야구의 할아버지쯤 되는 스포츠로 인도에서는 1751년에 첫 크리켓 경기가 열렸다. 비싼 장비가 필요 없고 평평한 땅만 있으면 경기를 할 수 있다.

● 동네마다 크리켓을 하는 아이들이 있다.

Q4.

**인도 북부에 있는 산맥으로
'세계의 지붕'이라고 불리는 이곳은
어디일까요?**

Answer. 히말라야산맥

인도와 파키스탄의 접경 지역에서 시작해 네팔을 거쳐 미얀마까지 이르는 총 2,400킬로미터의 히말라야산맥에는 해발 고도 8,000미터가 넘는 높은 봉우리들이 모여 있다.

● 눈 덮인 히말라야산맥

Q5.

"

1947년 영국으로부터의
인도 독립을 이끈 독립운동가이자
인도 사람들의 정신적 지도자는
누구일까요?

"

Answer. 마하트마 간디

본명은 모한다스 카람찬드 간디*Mohandas Karamchand Gandhi*로 인도 사람들의 정신적 지도자이며 독립운동가이다. 마하트마 간디*Mahatma Gandhi*라는 이름으로 널리 알려져 있는데 '마하트마'는 위대한 영혼이라는 뜻으로 인도의 시인인 라빈드라나트 타고르*Rabindranath Tagore*가 지어준 이름이다.

● 인도의 국부 마하트마 간디

1부

나마스테!
인도

우리는 인도인들에게 많은 것을 신세 지고 있다.
그들이 우리에게 셈을 하는 법을 가르쳐주지 않았다면
어떠한 과학적인 발견도 이루어지지 못했을 것이다.

– 알버트 아인슈타인

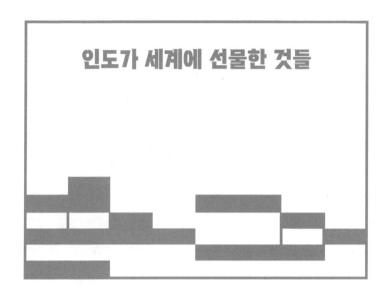

인도가 세계에 선물한 것들

14억에 달하는 인구를 가진 세계 5위의 경제 대국인 인도는 5,000년에 달하는 유구한 역사를 자랑한다. 인더스 문명부터 시작해 다양한 문화와 예술 그리고 음식과 종교를 만들어가며 세계에 많은 기여를 했다. 그중에는 우리가 일상생활에서 의식하지 못하고 사용하는 많은 것이 있다.

인도가 세계에 선물한 것은 무엇일까? 수천 년의 역사에서 인류가 인도에게 빚진 것은 무엇인지 살펴보자.

숫자 '0'을 인류에게 선물하다

우선, 한 가지 정확히 짚고 넘어가야 할 사실은 '0'의 개념을 처음 생각해낸 것은 인도 사람들이 아니라는 것이다. '없음' 또는 '존재하지 않음'이라는 개념은 수메르인이나 바빌로니아인들이 남긴 기록에서도 발견된다. 그렇다면 인도 사람들은 정확하게 어떤 것을 생각해낸 것일까?

고대 사람들은 비슷한 숫자를 구분하기 위해 빈칸을 사용했다. 하지만 정작 '55'라는 숫자가 애매한 간격으로 띄어쓰기 되어있으면 도대체 이게 55인지, 550인지, 505인지 알 길이 없었다. 그런데 6세기경에 인도에 살던 수학자이자 천문학자 리야바타^{Aryabhata}가 '없음' 또는 '존재하지 않음'이라는 개념을 숫자 체계 안으로 편입시켰다. 그가 제안한 방법은 매우 단순했다. 숫자가 비어있는 곳에 작은 점을 찍자는 것이었다. '무(無)', 즉 비어있던 자리에 '어떤 것(有)'을 넣어보자라는 혁명적인 발상을 한 것이다. 이제 인류는 '5·5'와 '55·'을 구별할 수 있게 되었다.

그로부터 약 100년이 지난 7세기에 인도 수학자 브라마굽타^{Brahmagupta}가 자릿수로서의 0에게 'sunya(힌디어로 '없음'이라는 뜻)'라는 이름을 붙였다. '없음'을 의미하는 숫자에 제대로 된 이름이 생겨 우리가 알고 있는 인도-아라비아 숫자 시스템이 완성될 수 있는 발판이 마련된 것이다. 이후 인도의 숫자 시스템은 인도와 교역을 하던 무역상들을 통해 아랍으로 넘어가 현재 우리가 사용하는 아라비아 숫자 시스템이 되어 전 세계에 퍼졌다. 가장 작은 숫자인 0이 어느 자릿수로나 사용될 수 있는 아이디어를 제공함으로써 인도 사람들은 수학과 과학이 무한대로 뻗어나갈 수 있는 길을 마련해주었다.

0을 무수히 반복하면 얼마든지 큰 수를 표기할 수 있다. 그리고 인류는 0과 1만으로 구성된 이진법을 통해 컴퓨터를 발명하고 이를 기반으로 우주로 나아갔다. 인도가 만든 가장 '작은' 발명이 인류에게 가장 '큰' 선물이 된 것이다.

체스, 인류에게 선사한 지적 유희의 최고봉

동아시아인들이 즐기는 최고의 지적 유희가 바둑이라면, 서양인들에게는 체스가 그러하다. 하지만 이 게임은 뜻밖에도 아시아 한복판에 있는 인도에서 유래했다.

바로 약 6세기경 인도에서 유행하던 '차투랑가'라는 게임이 현대 체스의 원형이다. 차투랑가는 네 명의 경기자가 각각 한 개씩의 왕, 비숍, 기사, 루크와 네 개의 폰을 갖고 두 명씩 연합해 64개의 정사각형 위에서 싸우는 게임이다. 현대 체스와 매우 유사하다. 이후 차투랑가는 아라비아를 거쳐 페르시아와 유럽으로 퍼져 현재는 전 세계인의 사랑을 받는 게임이 되었다.

● 체스의 기원으로 알려진 차투랑가 게임

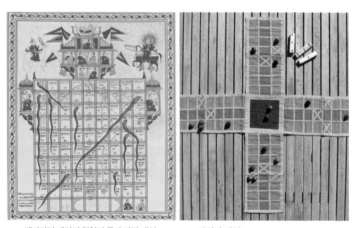

● 뱀사다리 게임의 원형인 목샤 파탐 게임　● 파치시 게임

체스뿐만 아니다. 7080세대가 어렸을 때 한 번쯤은 해보았을 '뱀사다리 게임'도 원래는 인도에서 만들어진 '목샤 파탐'이라는 게임에서 유래했다. 목샤라는 단어는 '해탈'을 의미하는 힌디어로 단순히 유희를 즐기기 위해서가 아니라 영혼의 타락을 경계하고 해탈에 이르기를 기원하는 상당히 깊은 의미가 있는 게임이다. 1890년경 영국으로 이주한 인도 사람들을 통해 서양에 전해졌고 이후 전 세계적인 인기를 끌었다. 서양 윷놀이라고 할 수 있는 루도 게임 역시 '파치시'라는 게임에서 그 기원을 찾을 수 있다. 지금도 이 게임은 인도에서 꾸준히 사랑받고 있다.

인류의 건강도 걱정한 인도, 요가와 아유르베다

요가의 시작에 대해서는 여러 가지 학설이 분분하다. 일부 학자는 기원전 2,500년경 인더스 문명까지 거슬러 올라간다고 하지만 요가라는 말이 문헌에 처음 등장하는 것은 대략 기원전 600년경이라고 알려져 있다. 요가는 명상의 방법이자 종교적이고 영적인 수행 방법 중 하나로 인간의 정신과 신체가 분리되지 않고 연결되어있다는 철학을 기반으로 한다. 인도를 포함한 서남아시아는 물론 서양으로도 널리 퍼져 오늘날 많은 사람이 요가를 통해 정신과 육체의 건강을 관리하고 있다. 이에 인도 정부가 유엔에 제안해 2015년부터 6월 21일은 '세계 요가의 날'로 정해졌고 인도의 총리 나렌드라 모디*Narendra Modi*가 앞장서서 요가 홍보 대사를 자처하고 있다.

인도식 한의학이라고 할 수 있는 아유르베다 역시 요가만큼이나 그 기원을 정확히 찾기 어렵다. 기원전 6세기까지 전해오던 인도의 온갖 전통 의학이 집대성되면서 체계화되었다는 견해가 지배적이다. 아유르베다는 '장수(長壽)'를 뜻하는 아유스와 '지식'을 뜻하는 베다가 합쳐진 말로 인도의 전통 의학을 일컫는다. 우리나라에서는 스파나 마사지와 동의어로 여겨지지만 실제로는 동양의 한의학과 맞먹을 정도로 역사의 체계와 깊고 넓다.

현대에 들어 서양 의학이 많이 보급되면서 아유르베다가 가진 비과학적이고 비위생적인 면이 많이 밝혀졌지만 아직도 현대 의료 기술이 닿지 않는 인도나 네팔 등지의 농어촌에 가면 아유르베다에 의지하는 환자가 많다.

세계 유수의 IT 기업을 이끄는 인도 사람들

정보 통신 분야에서 인도가 세계에 기여한 업적 또한 눈부시다. 대용량의 정보를 간편하게 저장할 수 있는 USB, 이메일의 폭발적인 대중화를 가능하게 한 핫메일*hotmail*, 전 세계 정보통신 혁명을 불러일으킨 광통신. 이 모두를 인도 사람이 발명했거나 발명에 큰 기여를 했다.

게다가 지금 전 세계적으로 유명한 IT 기업의 CEO 자리에 인도 사람이 다수 포진해 있다. 구글의 순다르 피차이*Sundar Pichai*, 마이크로소프트의 사티야 나델라*Satya Nadella*, IBM의 아빈드 크리슈나*Arvind Krishna*, 어도비의 샨타누 나라엔*Shantanu Narayen* 등이 대표적이다.

이렇다 보니 현대 인도의 가장 큰 수출품은 바로 세계적인 경영자들이라는 농담 같은 진담이 유행하고 있다. 유창한 영어 구사 능력, 다민족·다문화 사회에서 자라면서 자연스럽게 체득한 유연하고 포용적인 태도, 성공을 바라는 집요한 의지까지 겸비한 이들은 자신들의 조상이 수천 년 전 인류에 기여한 것처럼 지금의 인류에게 더 나은 기술과 제품을 선사하기 위해 노력하고 있다.

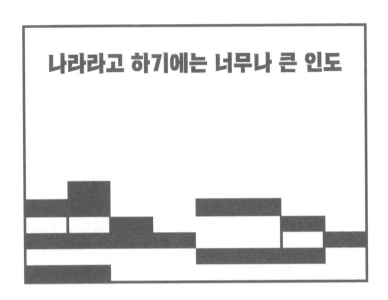

나라라고 하기에는 너무나 큰 인도

거대하고 넓은 땅

인도는 인도아대륙(印度亞大陸)의 대부분을 차지하는 거대한 나라로 세계에서 일곱 번째로 넓은 면적(328만 7,000제곱킬로미터)과 14억에 육박하는 인구를 보유하고 있다.

러시아가 전 세계 육지의 11퍼센트 정도로 가장 많이 차지하고 있다면 일곱 번째인 인도는 약 2퍼센트를 차지한다. 우리나라 면적이 약 10만 제곱킬로미터니까 인도에는 우리나라 땅덩어리가 33개 정도 들어간다고 보면 된다.

가장 최근의 인구 센서스 자료는 2011년 데이터라서 정확한 인구를 추정하기는 어렵다. 하지만 대부분의 기관이

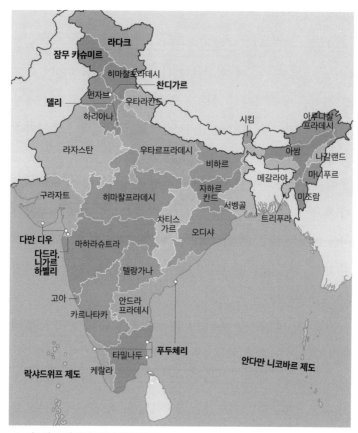

라다크

잠무 카슈미르

히마찰프라데시

찬디가르

펀자브

우타라칸드

델리

하리아나

시킴

아루나찰프라데시

라자스탄

우타르프라데시

비하르

아쌈

나갈랜드

메갈라야

마니푸르

구라자트

히마찰프라데시

자하르칸드

서벵골

미조람

차티스가르

오디샤

트리푸라

다만 디우

마하라슈트라

다드라,니가르하벨리

텔랑가나

고아

안드라프라데시

카르나타카

타밀나두

푸두체리

안다만 니코바르 제도

락샤드위프 제도

케랄라

● 인도의 23개 주와 8개의 연방직할지

2022년을 전후해 인도 인구가 14억 명에 이르면서 중국을 제치고 세계 1위의 인구 대국이 된 것으로 판단하고 있다.[1] 전 세계 인구가 약 80억 명인데 중국과 인도 인구가 각각 14억 명가량이니 전 세계 인구 세 명 중 한 명은 중국 사람 또는 인도 사람이라는 이야기이다.

인도는 섬을 제외한 본토 기준으로 북위 8.4~37.6도, 동경 68.7~97.25도 사이에 위치해 있다. 인도의 가장 북단인 라다크 지역은 우리나라의 파주와 북위가 유사하고, 인도의 가장 남단인 타밀나두 지역은 필리핀의 민다나오섬이나 중앙아메리카의 파나마와 위도가 비슷하다.

인도는 다이아몬드 모양과 비슷하게 생겼는데 가장 남쪽에서 북쪽까지의 거리가 3,200킬로미터가 넘고 동쪽에서 서쪽까지의 거리는 약 2,900킬로미터이다. 서울에서 부산까지의 거리가 대략 390킬로미터이니 인도가 얼마나 큰 나라인지 짐작할 수 있을 것이다.

인도는 서쪽으로는 파키스탄과 국경을 맞대고 있고, 북쪽 및 북동쪽으로는 중국, 네팔, 부탄, 동쪽으로는 미얀마, 방글라데시와 접경하고 있다. 남동쪽으로는 벵골만, 남서쪽으로는 아라비아해, 남쪽으로는 인도양과 맞닿아있다. 바다를 건너 가장 먼저 도착하는 나라는 스리랑카와 몰디브이다.

인도의 자연 지리를 살펴볼 때 압도적인 것은 히말라야산맥이다. 인도의 고대 언어인 산스크리트어에서 '눈'을 뜻하는 히마와 '집' 또는 '거처'를 뜻하는 알라야가 합쳐진 단어로 뜻을 풀이하자면 '만년설이 살고 있는 곳'이라는 뜻이다. 서쪽의 파키스탄에서 시작해 북인도를 지나 티베트고원으로 이어지는 길이가 무려 2,400킬로미터에 달하는 높고 긴 산맥이다. 가장 북서쪽에 위치한 K2(해발 고도 8,611미터)부터 가장 동쪽에 위치한 칸첸중가(8,586미터)에 이르기까지 해발 고도 8,000미터가 넘는 높은 봉우리가 14개나 자리 잡고 있는 세계의 지붕이다.

지금은 세계에서 가장 높은 산맥에 불과(?)한 히말라야산맥도 7,000만 년 전에는 해안가 저지대였다. 지금의 인도에서 3,700킬로미터 남쪽으로 떨어진 섬이었던 '인도-오스트레일리아판'은 약 7,000만 년 전인 백악기 후기부터 지각 운동을 시작해 2,000만 년 동안 연평균 15센티미터씩 북쪽으로 이동해 유라시아판과 충돌했다. 두 개의 지각판이 충돌 후 융기해 현재의 히말라야산맥을 이룬 것이다. 이 때문에 히말라야산맥은 세계에서 가장 젊고 가장 높은 산맥이 되었다.

히말라야산맥에서 남쪽으로 수백 킬로미터를 내려오는 동안 대부분의 지형은 낮고 평평한 평야 지대를 이룬다. 인도의 북서부에는 펀자브, 하리아나와 같은 곡창 지대가 분포하며 히말라야산맥에서 발원해 약 2,500킬로미터를 흘러가는 갠지스강도 북인도를 서에서 동으로 가로질러 인도 북동부의 벵골만으로 흘러든다. 벵골만 삼각주 또는 갠지스 삼각주라고 불리는 이곳은 세계에서 가장 큰 삼각주이며 펀자브와 하리아나에 못지않은 곡창 지대를 이룬다. 좀 더 남쪽으로 내려오면 남인도의 대부분을 차지하는 평균 고도 약 600미터의 데칸고원이 있다.

다양한 기후와 식생 분포

우리나라의 약 33배에 달하는 넓은 땅을 가졌다 보니 인도의 기후는 다양하다. 북부 고산 지대에서는 한대성 기후가 나타나지만 인도 북서부의 라자스탄 지역에서는 건조 기후가 나타나고 좀 더 남쪽으로 내려와 남인도의 해안 지역은 열대우림기후이다. 북인도에는 넓게 온대기후대가 분포하지만 인도 북동부의 벵골만 지역에서는 주기적으로 하천이 크게 범람할 정도로 강우량이 풍부하다. 이는 지형적인 영향이 큰데 아라비아해에서 발생한 습기를 머금은 대기층이 높은 히말라야산맥에 부딪혀 남동쪽으로 이동하다가 벵골만과 인근 지역에 비를 뿌리기 때문이다. 그 덕분에 인도 북동부에서는 질 좋은 차 생산이 가능하다.

북인도의 경우 5월이나 6월이 가장 더우며 경우에 따라서는 기온이 섭씨 40도를 훌쩍 넘기도 한다. 통상 6월이나 7월에 들어서면 몬순이라고 불리는 우기가 시작되는데 9월까지 지역에 따라 1년 전체 강수량의 약 70~90퍼센트에 달하는 비가 집중적으로 내린다. 이 기간 동안 충분한 비가 내리지 않으면 인구의 대부분이 농업에 종사하는 인도 경제 전체에 상당한 악영향을 미친다. 반대로 너무 많은 비가 내려 홍수의 피해를 입는 경우도 있다.

몬순이 끝나면 기온은 30도 내외를 유지하지만 습도가 높아

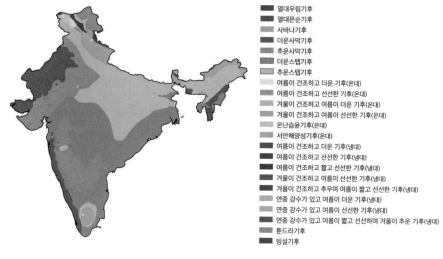

열대우림기후
열대몬순기후
사바나기후
더운사막기후
추운사막기후
더운스텝기후
추운스텝기후
여름이 건조하고 더운 기후(온대)
여름이 건조하고 선선한 기후(온대)
겨울이 건조하고 여름이 더운 기후(온대)
겨울이 건조하고 여름이 선선한 기후(온대)
온난습윤기후(온대)
서안해양성기후(온대)
여름이 건조하고 더운 기후(냉대)
여름이 건조하고 선선한 기후(냉대)
여름이 건조하고 짧고 선선한 기후(냉대)
겨울이 건조하고 여름이 선선한 기후(냉대)
겨울이 건조하고 추우며 여름이 짧고 선선한 기후(냉대)
연중 강수가 있고 여름이 더운 기후(냉대)
연중 강수가 있고 여름이 선선한 기후(냉대)
연중 강수가 있고 여름이 짧고 선선하며 겨울이 추운 기후(냉대)
툰드라기후
빙설기후

● 쾨펜의 분류에 따른 인도의 기후대

져 불쾌감이 더욱 커진다. 대륙성기후의 영향을 받아 연중 최고 기온과 최저 기온의 차이가 큰 북인도와는 달리 남인도는 연중 최고 기온과 최저 기온의 차이가 작은 대신 습도가 상대적으로 높은 특징을 보인다. 한편 데칸고원 중턱에 위치한 벵갈루루와 같은 도시에서는 남인도에 위치한 뭄바이나 첸나이와 비교해 온도와 습도가 상대적으로 낮다.

인도 현지인들에게 물어보면 불과 10년 전만 하더라도 가장 더운 몬순 기간 직전에도 섭씨 45도에 육박하는 참기 어려운 더위는 거의 없었다고 한다. 하지만 지구 온난화가 심해지면서 특히 북인도의 내륙 지역을 중심으로 거의 매년 여름 섭씨 40도가 훌쩍 넘는 날이 며칠간 지속되기도 한다.

기후 변화로 인한 피해는 소득과 지역에 따라 불평등하게 나타난다. 실제로 대도시에 사는 부유층에게 한여름의 무더위는 에어컨만 켜면 쉽게 해결될 문제이지만 그럴만한 경제적 능력이 없는 사람들에게는 건강과 생존을 위협하는 문제이다. 북인도의 내륙 지역에는 소득 수준이 낮은 농민이 많이 거주하는데 이러한 저소득층에게 기후 변화의 피해가 가장 직접적으로 다가가고 있다.

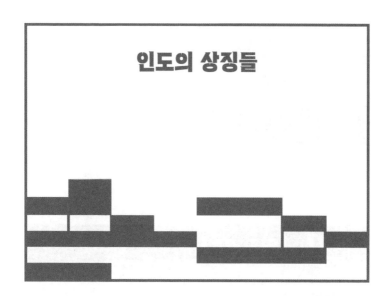

인도의 상징들

인도 국기와 국장

인도 국기는 '삼색기*Trianga*'라는 이름으로 불리는 주황색, 흰색, 초록색의 깃발로 중앙에 24개의 살을 가진 파란색 바퀴가 그려져 있다. 영국 국기인 유니언잭에 기반을 둔 국기 디자인이 19세기부터 사용되다가 20세기에 들어서 인도 고유의 국기를 제정해야겠다는 움직임이 생겼고 실제로 두세 개의 새로운 디자인이 사용되기도 했다.

1931년 인도국민회의*Indian National Congress*가 채택한 디자인을 보면 현재 국기의 주황색, 흰색, 초록색이 등장했으며 국기의 중앙에는 실을 만드는 물레가 그려져 있다. 그 당시 사람들은

● 현재 인도의 국기

● 인도의 국기 변천사

힌두교와 이슬람교에서 각각 상서로운 색으로 여겨지는 주
황색과 초록색이 양대 종교를 상징하고 중간의 흰색이 종교
간의 평화와 공존을 의미한다고 해석했다. 그후 1947년 독립
과 함께 중앙의 물레가 '아쇼카의 수레바퀴'로 바뀐 현재의
국기가 채택되어 현재에 이르고 있다.

인도 국기에서 주황색은 '용기와 희생'을, 흰색은 '평화와 진리'를, 초록색은 '믿음과 정직함'을 상징한다. 중앙에 있는 수레바퀴는 '변하지 않는 우주의 질서와 끊임없는 전진'을 의미한다.

국장

인도의 국장은 말과 코끼리가 새겨져 있는 튼튼한 받침대 위에 올라서서 동서남북을 살펴보고 있는 아쇼카의 사자상으로 1950년에 채택되었다. 애초에는 연꽃 모양의 받침대도 있었지만 생략되

● 인도의 국장

었고 받침대의 중앙에는 어김없이 아쇼카의 수레바퀴가 등장한다. 데바나가리(힌두 글자)로 쓰인 문장은 '진실은 승리한다'라는 뜻이다.

인도의 국화는 연꽃이다. 연꽃은 고대 인도에서 탄생한 불교에서 기원해 인도의 고대 미술 및 설화에서 오랫동안 중요한 위치를 차지해왔다. 힌두교에서도 연꽃은 중요한 신 중 하나인 비슈누를 상징하는 꽃으로 '순결과 환생'을 의미한다.

인도의 상징목은 인도무화과나무인데 흔히 '반얀트리'라고 부른다. 넓게 줄기가 퍼져나가고 그 줄기에서 새롭게 뿌리가 뻗어 나오는 특징이 있다. 수명이 길어 장수를 상징하며 인도의 설화나 전설에 자주 등장한다.

인도를 상징하는 동물은 벵갈호랑이이다. 인도 북동부의 벵갈 지역을 포함해 네팔, 부탄, 방글라데시 등에 넓게 분포한다. 용맹하고 강인할 뿐만 아니라 아름다운 자태로 두려움과 경탄을 동시에 불러일으키는 동물이다. 벵갈호랑이의 개체 수가 감소하자 인도 정부는 1973년부터 인도 전역에 27개의 보

● 인도를 상징하는 나무인 반얀트리

● 인도를 상징하는 동물인 벵갈호랑이

호 구역을 정해 관리하고 있다.

인도의 국가

인도의 국가인 〈Jana Gana Mana(국민의 의지라는 뜻)〉는
인도의 저명한 시인인 라빈드라나트 타고르가 자신의 모국어
였던 벵골어로 작사한 것을 힌두어로 옮긴 곡이다.

Jana-gana-mana-adhinayaka jaya he
사람의 마음을 다스리는 그대여, 승리 있으라

Bharata-bhagya-vidhata
인도의 운명을 결정짓는 그대

Punjaba-Sindhu-Gujarata-Maratha
펀자브, 신드, 구자라트, 마라타여

Dravida-Utkala-Banga
드라비다, 오리샤, 벵골이여

Vindhya-Himachala-Yamuna-Ganga
빈디아, 히말라야, 야무나, 갠지스여

uchchala-jaladhi-taranga
온 곳에서 파도치는 모든 대양이여

Tava Shubha name jage
일어나 그대의 경이로운 이름을 발하고

Tava shubha asisa mage
그대의 성스러운 축복을 기도하며

Gahe tava jaya-gatha.
그대의 영광스러운 승리를 노래하라

Jana-gana-mangala-dayaka jaya he
모든 이에게 행복을 전하는 그대여 승리 있으라

Bharata-bhagya-vidhata.
인도의 운명을 수호하는 그대여

Jaya he, Jaya he, Jaya he,
승리를, 승리를, 승리를

jaya jaya jaya, jaya he.
승리, 승리, 승리, 승리를 그대에게

인도 국가 듣기

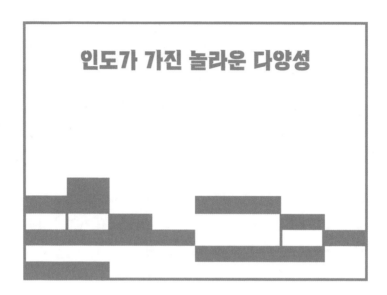

인도가 가진 놀라운 다양성

다양성 속의 통일성

외국인들은 물론 인도 사람들도 인도를 묘사할 때 '다양성 속의 통일성'이라는 표현을 자주 쓴다. 인도라는 국가가 인종과 언어, 종교, 문화 등에서 엄청난 다양성을 보유하고 있다는 이야기이다. 우선 인종 이야기부터 해보자.

인도 인구 열에 일곱은 이른바 인도-아리아● 인종으로 콧

● 베다(Veda) 시대에 이란과 북인도에 거주하던 사람들이 다른 민족보다 우월한 존재라는 의미로 처음 사용하기 시작한 단어로 '고귀하다'라는 뜻을 가지고 있다. 2차 세계대전까지는 인종 차별적 의미를 담아 사용되기도 했으나 현대에 이르러서는 인종을 구분하기보다는 언어학에서 사용되는 어족을 구분하는 단어로 이해하는 것이 정확하다.

대가 높고 눈이 깊으며 짙은 눈썹을 가졌다. 얼핏 보면 남유럽이나 이란 등지에 거주하는 사람들과 비슷하게 생겼으며 주로 북인도에 거주한다. 인구의 약 25퍼센트 정도는 드라비다 인종으로 피부색이 짙고 키가 비교적 작으며 주로 남인도에 거주한다. 인도 북동부에 있는 소위 '일곱 자매 주'●라고 불리는 지역에는 우리나라를 포함한 동아시아인과 비슷하게 생긴 몽골로이드들이 살고 있다. 이외의 소수 인종으로는 인도 남서부를 중심으로 거주하는 네그리토 종족과 인도양의 섬 지역에 거주하는 프로토-오스트랄로이드 종족이 있다.

언어는 훨씬 다양하다. 일단 인도는 통일된 국어를 갖고 있지 않다. 총 22개의 언어가 인도 헌법상 공용어의 지위를 인정받고 있는데, 이는 우리나라 인구와 비슷한 5,000만 명 이상이 사용하는 언어만 7개가 넘고 100만 명 이상이 사용하는 언어 또한 20개 이상이 되는 인도의 현실을 반영된 결과이다.[2] 인도-유럽 어족에 속하는 힌디어는 소위 '힌디어 벨트'라고 불리는 북인도와 인도 중부에서 주로 사용되는데 인도 인구 열 명 중 네 명 정도가 거주한다. 힌디어를 제1외국어로 구사할 수 있는 사람까지 합치면 인도 인구 열 명 중 여섯 명가량이 힌디

● 인도 북동부에 있는 '일곱 자매 주'는 아루나찰프라데시, 아쌈, 마니푸르, 메갈라야, 미조람, 나갈랜드 및 트리푸라를 말한다. 과거에는 독립 왕국이었으나 1975년 인도에 편입된 시킴을 포함하면 인도 북동부에는 총 여덟 개의 주가 있다.

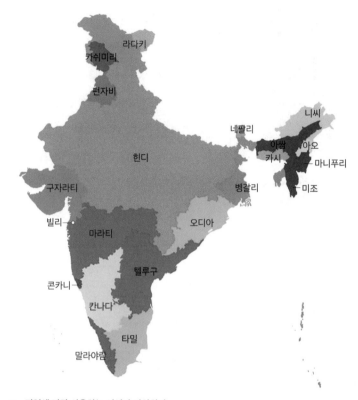

라다키

카쉬미리

펀자비

니씨

네팔리

힌디

아쌈

아오

카시

마니푸리

구자라티

벵갈리

미조

빌리

오디아

마라티

콘카니

텔루구

칸나다

타밀

말라야람

● 지역에 따라 사용하는 언어가 다양하다.

어를 할 수 있다. 남인도에서는 보통 각각의 주마다 서로 다른 언어가 사용되며, 인도 북서부 및 인도 북동부에는 다양한 소수 종족 언어도 분포하고 있다.

실제로 우리나라 교민과 주재원이 많이 거주하는 타밀나두주의 첸나이(남인도의 주요 도시 중 하나)에서는 타밀어가 사용되지만 불과 300킬로미터 떨어진 벵갈루루(카르나타카주의 주도)

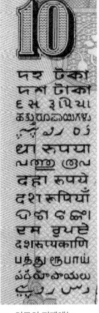

아쌈
벵갈리
구자라티
칸나다
카쉬미리
콘카니
말라야람
마라티
네팔리
오디아
펀자비
산스크리트
타밀
텔루구
우르두

● 인도의 지폐에는
총 15개의 언어가 적혀
있다.

에 가면 칸나다어라는 또 다른 언어가 사용된다.

　정치와 문화의 주도권을 쥐고 있는 북인도와 인도 중부를 중심으로 힌디어를 인도의 국어로 삼아야 한다는 주장이 잊을 만하면 제기되고 있다. 하지만 자신들의 고유한 문화와 전통이 담긴 언어를 포기할 수 없는 남인도 입장에서는 매우 완강하게 반대하는 상황이다.

　남인도의 몇몇 도시를 방문한 적이 있는데 힌디어를 적는 데바나가리 대신 현지어만 적혀 있는 것을 보고 적지 않게 놀랐다. 마치 다른 나라에 온 듯한 느낌이었다. 북인도와 인도 중부를 벗어나면 사정이 이렇다 보니 인도 지폐에는 22개의 공용어 중에서 비교적 많은 사람이 사용하는 15개의 언어가 쓰여져 있다.

종교적 다양성도 빼놓을 수 없다. 2011년 인구 센서스 자료에 따르면 인도 인구 100명 중 80명은 힌두교도이며 약 14명은 이슬람교도이다. 여기까지는 어느 정도 예상 가능한데 3위의 종교가 의외이다. 바로 기독교로 100명 중 2명이 기독교를 믿고 있다. 네 번째 종교는 힌두교와 이슬람교의 장점을 취한 시크교이며 불교와 자이나교 등이 그 뒤를 잇고 있다. 이러한 종교적 다양성은 인도 사람들의 일상생활에 깊은 영향을 끼치고 있다.

종교만큼이나 다양한 것이 인도의 식문화이다. 일단 힌두교도들은 소를 신성시하기 때문에 소고기를 섭취하지 않는다. 반대로 이슬람교도들은 돼지고기를 불결하다고 여겨 섭취하지 않는다. 자이나교도는 엄격한 불살생(不殺生)의 교리를 지키기 때문에 육식을 금하고 있다. 이러한 이유로 일반 정육점이나 패스트푸드점에서는 소고기와 돼지고기를 취급하지 않고 닭고기나 양고기 등 논란이 적은 고기만 판매한다.

흔히 인도를 '채식의 나라'라고 알고 있으나 엄격하게 채식을 지키는 인구는 열 명 중 세 명 정도로 추산되고 있다. 가끔 여론 조사에서 '채식을 한다'는 답변이 이보다는 조금 높게 나오곤 하는데 그 이유가 조금 웃프다. 힌두교의 교리상 가장 높은 카스트인 브라만 계급은 대부분의 경우 엄격한 채식을 지켜오고 있다. 현대 사회에 들어와서도 회사를 포함한 사회 조직에서 높은 직급에 있는 사람일수록 채식을 하는 브라만 계급이 상대적으로 더 많은 편이다. 그렇기 때문에 '당신은 채식주의자입니까?'라는 질문을 받을 경우 인도 사람 대부분은 사회 지배 계층을 모방해 '채식주의자'라고 답변을 해야 할 것 같은 사회적인 압박을 느낀다고 한다. 즉 집에서는 다양한 고기를 섭취해도 집 밖에서는 채식주의자 행세를 하는 사람이 적지 않다는 것이다.

게다가 육식이나 채식이라는 이분법적 구분으로 나뉘지 않는 사람도 제법 많다. 열 명 중 일곱 명 정도는 육식을 하지만 이들 또한 특정한 날(보통 힌두교 축제일)에는 육식을 하지 않거나 아예 하루나 이틀 금식하기도 한다.

한편 채식주의자 중에는 순수하게 채식만 먹는 사람도 있지만 달걀이나 우유 등은 자유롭게 섭취하는 사람도 있다. 이래저래 인도는 모든 것이 다양하고 복잡하다.

알아두면 좋은 간단한 힌디어

인도는 수많은 언어가 통용되는 다언어 사회로 그나마 가장 많은 사람이 이해하는 언어는 북인도와 인도 중부를 중심으로 통용되는 힌디어이다. 한글이나 알파벳과는 확연하게 다른 데바나가리라는 자체적인 표기법을 갖고 있는데 한국 사람들이 보기에는 구별하기가 쉽지 않다.

한편 힌디어는 우리나라 말과 비슷하게 '주어+목적어+서술어'라는 어순을 갖고 있지만 경우에 따라서는 어순에 크게 구애받지 않고 자유롭게 문장을 구성하기도 한다. 간단한 힌디어를 익혀 보자.

표기법	발음	의미
नमस्ते	나마스테	안녕하세요?
मेरा नाम ○○○ है।	메라 나암 ○○○ 헤	내 이름은 ○○○ 입니다
आप कैसे हैं	아압 께세 헨	어떻게 지내세요?
ठीक हूुं।	티커	잘 지내요
यह कितने का है?	예 끼따네 가 헤?	얼마예요?
कृपया	끄리빠	부탁합니다
धन्यवाद	단야바드	감사합니다
हाँ	하안	네
नही	나히	아니오
○○○ है?	○○○ 헤?	○○○이 있나요?

인도에서는 우리나라나 서구의 국가들처럼 1, 2, 3… 등의 아라비아 숫자도 통용되지만 그들만의 표기법과 발음을 사용하기도 한다. 또한 우리나라에서는 '1, 2, 3'이라는 수자의 표기법은 그대로 두고 이름만 '하나, 둘, 셋'을 사용하지만 힌디어에서는 표기법과 발음이 모두 다르다. 얼핏 보면 아라비아식 숫자 표기와 비슷해 보이기도 하고 전혀 이질적으로 보이기도 한다. 외국인들이 힌두식 숫자를 접할 기회는 많지 않지만 재미 삼아 1부터 10까지 알아보기로 하자.

아라비아 숫자	힌두식 숫자 표기	힌두식 숫자 이름
1	१	एक (Ek)
2	२	दो (Do)
3	३	तीन (Teen)
4	४	चार (Chaar)
5	५	पाञ्च (Panch)
6	६	छे (Chah)
7	७	सात (Saat)
8	८	आठ (Aath)
9	९	नौ (Nau)
10	१०	दस (Das)

한편 인도에는 10만과 1,000만을 일컫는 자릿수가 따로 있는데 각각 lac(또는 lakh, 렉)과 crore(크로)이다. 예를 들어 3lac와 3crore는 각각 30만과 3,000만을 일컫는다.

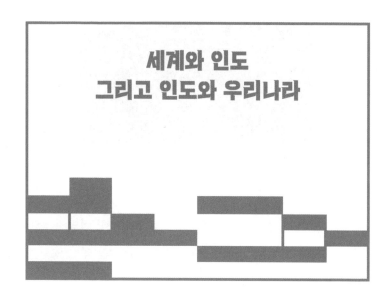

세계와 인도
그리고 인도와 우리나라

국방 예산 기준으로 인도는 미국과 중국에 이어 세 번째, 군대의 규모로는 중국에 이어 두 번째, 경제 규모로는 다섯 번째로 큰 나라이다. 게다가 핵무기까지 보유한 지역 패권국으로 빠르게 성장하는 경제 규모에 걸맞게 세계 외교 무대에서 점점 더 목소리를 높여가고 있다. 그렇다면 세계 속의 인도는 어떠한 모습이고 앞으로 어떻게 바뀌게 될까?

영국의 식민지에서 지역 패권국으로

우선 인도는 영연방의 회원국이다. 과거 영국의 식민지였기

● 영연방 상징

때문이다. 전 세계에 퍼져 있는 56개의 과거 영국 식민지 국가의 모임에서 인도는 인구 규모나 경제 규모 측면에서 영향력이 가장 크다.

인도는 아직도 영연방 국가들과 친밀한 외교 관계를 유지하고는 있으나 독립 이후 현재까지의 외교 정책을 정의하는 가장 중요한 개념은 '비동맹주의 외교'와 '균형주의'라다. 이를 쉽게 설명하자면 특정한 국가나 세력과 지나치게 가깝거나 먼 관계를 맺지 않으며(비동맹주의 외교) 강대국 사이에서 균형을 찾아 자신들의 이익을 최대화하는 외교 행태(균형주의)라고 할 수 있다.

비동맹주의 외교는 1947년 인도의 초대 총리로 취임한 자와할랄 네루*Jawaharlal Nehru*가 채택한 후 지금까지 지속되는 인도의 외교 노선이다. 하지만 이 단어의 뒤에는 서남아시아 지역에서는 인도의 영향력을 유지하고 강화하는 한편 중국과 같은 잠재적 경쟁자는 견제하려는 지역 패권주의적 경향이 숨

겨져 있다.

　인도는 독립 이후 서쪽의 파키스탄부터 북쪽의 네팔, 동쪽의 방글라데시 등을 아우르는 인도 아대륙에서 상당한 정치적, 군사적, 경제적 영향력을 행사해오고 있다. 미국 혹은 구(舊)소련 진영에 참여할 경우 자칫 서남아시아 지역에서 행사할 수 있는 영향력이 약화될 수 있다고 보았기 때문에 인도는 꾸준히 비동맹주의라는 이름 뒤에 숨어서 지역 패권국으로서의 지위를 누려왔다.

실리주의 외교를 기반으로 강대국으로 탈바꿈

　겉으로는 비동맹주의 외교를 추진한다고는 했으나 군사적 측면에서 인도는 구소련의 무기를 대량으로 구매하고 원자력 산업과 같은 국가 주요 기간산업에서는 구소련과 긴밀히 협력하는 행태를 보이기도 했다. 하지만 1990년대 이후 구소련의 몰락으로 냉전 질서가 붕괴되자 그동안 구소련에 치우쳐왔던 관심을 미국, 중국 및 서구 유럽 국가로 돌리기 시작했다. 비동맹주의 외교 노선이 실리주의 외교로 변화하기 시작한 것이다.

　특히 1990년대 들어서면서 인도국민회의의 정치적 영향력이 급격하게 약화되고 2023년 현재 집권 여당인 인도인민당 *Bharatiya Janata Party, BJP*의 정치적 입지가 강화되었다. 친(親)자유

● 인도인민당의 상징

시장경제 노선인 인도인민당은 인도국민회의와는 달리 대미 관계 개선을 꾸준하게 시도하는 것을 비롯해 과거 인도가 보여주었던 외교적 행보와는 다소 다른 모습을 보여주고 있다.

특히 2000년대 이후 빠르게 성장하는 중국을 견제하기 위해 미국이 인도에게 적극적으로 구애의 손길을 뻗어왔는데 중국과 국경 분쟁을 비롯해 다양한 갈등을 겪고 있는 인도 입장에서는 미국의 이러한 접근을 마다할 이유가 없다. 결국 인도는 미국, 호주, 일본 등이 속해 있는 쿼드QUAD에 참여했고 많은 국제정치학자는 인도의 이러한 결정을 상당히 의미 있는 변화라고 보고 있다. 즉 비동맹주의라는 병풍 뒤에 숨어서 서남아시아의 지역 패권국으로서의 역할에 만족하던 인도가 세계 무대에 본격적으로 모습을 드러내며 좀 더 큰 역할을 하려고 할 뿐만 아니라 세계를 이끌어가는 강대국으로 자리매김하려는 의지를 드러냈다고 할 수 있다.

독립 당시 인도는 이슬람교를 신봉하는 사람들이 주축이 되는 서파키스탄(현재의 파키스탄)과 동파키스탄(이후 방글라데시로 분리 독립함) 그리고 힌두교를 신봉하는 사람들이 주축이 된 인도로 분리되어 독립했다. 그래서 인도와 파키스탄이 접경하는 카슈미르 지역에서는 양국 간 영토에 대한 소유권 주장이 아직도 상충하고 있다. 두 나라는 이곳에서 수차례의 크고 작은 군사 충돌을 경험했다.

이외에 인도는 중국과도 국경 분쟁을 겪고 있는데 1962년에는 약 한 달간 군사 충돌이 벌어져 양 국가에서 수천 명이 죽거나 다치는 일이 벌어졌다. 2023년 현재까지도 카슈미르에 인접한 인도 북서부의 라다크 지역과 인도 북동부의 아루나찰프라데시 지역에서는 인도와 중국 간에 간헐적인 충돌이 벌어지고 있다.

참고로 인도, 파키스탄, 중국이 접하는 카슈미르와 라다크 지역은 수십 개에서 수백 개에 달하는 핵폭탄을 보유한 세 개의 군사 대국이 제대로 확정되지도 않은 국경선을 맞대고 수차례 군사적 충돌을 경험한 세계에서 유일한 지역이다.

우리나라의 인도와 관계는 뜻밖에도 매우 오래전으로 거슬러 올라간다. 《삼국유사》의 〈가락국기〉에 따르면 금관가야의 시조 수로왕의 왕후인 허황옥이 인도 아요디아(한국식 한자로는 아유타) 왕국의 공주였다는 것이다. 다만 허황옥의 실존 여부와 그녀가 정말로 인도에서 왔는지 등에 대해서는 아직도 의문이 제기되고 있다.

그 후 인도와 우리나라를 연결하는 데는 불교의 역할이 매우 컸다. 실제로 통일신라 시대에는 723~727년 혜초라는 승려가 현재의 인도와 인접한 다섯 개 나라를 여행하고 《왕오천축국전》을 집필하기도 했다.

1947년 독립 이후 국가 건설에 여념이 없던 인도에게도 한국전쟁 소식이 전해졌다. 인도는 비동맹주의 외교를 표방하여 우리나라에 전투 부대를 파병하지는 않았으나 인도주의적 차원에서 1950년 11월 약 340명에 달하는 의무 부대를 보내주었다. 이들은 1954년까지 한국에 주둔하면서 22만 명이 넘는 우리나라 환자를 진료했으며 2,000회가 넘는 크고 작은 수술을 실시해 전쟁의 고통을 겪고 있는 우리나라 국민에게 의료의 손길을 펼치기도 했다.

종전 후 약 20년이 지난 1973년 인도는 우리나라와 북한과 동시에 외교 관계를 맺었다. 하지만 정치·군사적으로 구소련과 밀착하면서 수교 이후 상당 기간은 우리나라와 소원한 관계를 유지했다. 그러다가 1990년 이후 자유시장경제 체제를 채택하고 외국인 직접 투자를 유치하기 시작하면서 인도와 우리나라와의 경제 교류가 활발해지기 시작했다. 실제로 우리나라를 대표하는 대기업인 현대자동차, 삼성전자, LG전자 등이 이 시기를 전후해 인도에 진출했고 현재까지도 우수한 경영 성과를 보이고 있다.

함께 생각하고 토론하기

인도는 우리나라의 약 33배에 달하는 넓은 땅에 14억 명이 넘는 인구가 사는 거대한 나라입니다. 인종, 언어, 종교가 다양하다는 점에서 우리나라와는 상당히 다릅니다.

● 인도에 대해 알고 있는 것을 적어보세요. 각종 매체에서 접한 정보를 중심으로 적어도 좋고, 인도를 직접 여행했거나 여행한 사람에게서 들은 이야기도 좋습니다. 인도의 정치와 경제 그리고 문화와 생활 습관에 대해 알고 있는 것을 적어봅시다.

●● 특정한 인종이나 언어 또는 종교 집단에 대해 부정적인 생각을 갖게 할 방송이나 기사, 인터넷 매체를 본 적이 있나요? 직접 가서 확인해보기 어려운 외국 나라에 대해 이런 기사나 방송을 접한 경험이 있다면 어떤 내용이었는지 이야기해보세요.

2부

인도 사람들의
이모저모

다양성 속에서 통일성을 찾을 수 있는
우리의 능력이야말로
우리 문명의 정수이자 시금석이 될 것이다.

– 마하트마 간디

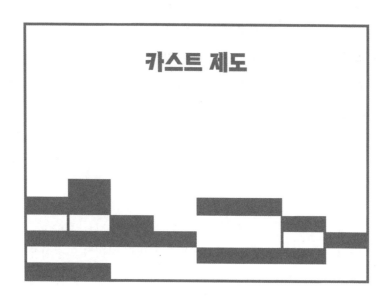

카스트 제도

"카스트 제도가 아직도 인도 사람들의 일상생활에 많은 영향을 끼치나요?"

"직업 선택이나 결혼 등의 중요한 의사 결정에도 영향을 미치나요?"

"카스트가 다른 사람과는 함께 식사하지 않는다던데 정말인가요?"

"카스트 제도는 도시와 농촌에서 동일한 영향력이 있나요?"

인도라는 나라에 관해 이야기하는 순간 대부분의 사람이 묻는 첫 질문은 카스트 제도와 관련된 것이다. 껄끄럽고 제대로 이해하기 힘들지만 인도라는 나라를 정확히 알려면 카스트 제도에 관해 한 번은 짚고 넘어가야 한다. 세계에서 가장 인구가 많은 나라에 수천 년 동안 깊게 뿌리 박힌 세계 최고(最古), 세계 최대의 신분 제도에 대해서 이야기해보자.

힌두교의 독특한 신분 제도인 카스트의 정확한 기원은 알기 어렵다. 하지만 많은 역사학자가들은 북방의 아리아 인종이 인도 지역으로 본격적으로 이주하기 시작한 기원전 1300년경부터 서서히 나타났다고 보고 있다. 피부가 희고 체격이 컸던 그들이 상대적으로 피부가 짙고 체격이 작은 인도 토착민 드라비다인들과 구분하기 위해 피부색(힌두어로는 '바르나')에 근거한 신분 제도를 만들었다는 것이다. 원래 이 신분 제도는 '바르나'라고 불렸으나 포르투갈을 포함한 유럽 세력이 인도에 진출하면서 포르투갈어로 계급 또는 인종이라는 뜻의 '카스타'라는 단어로 변형되어 현재에 이르고 있다.

우리가 알고 있는 카스트 제도는 사실 바르나보다는 '자티'에 가깝다. 자티는 대대로 전해져 내려오는 가업(家業) 내지 직업이라는 의미이다. 농사를 짓던 사람은 대를 이어 농사를 짓고 궁정에서 사무를 보던 사람은 대를 이어 궁정에서 사무를 본다는 '세습된 직업'의 개념이다. 이것이 수천 년 동안 분화하고 고착화되어 현재 인도에는 약 3,000개의 자티가 존재한다고 알려져 있다. 물론 인도 사회가 현대화되면서 특정 자티에 속한 사람이 해당 직업이 아닌 다른 직업에 종사하는 일도 빈번해졌다.

인도 사람들은 상대방의 성을 들으면 대략적으로 상대의 자티, 즉 그 성을 가진 사람들이 대대로 세습해온 직업을 짐작할 수 있다고 한다. 카스트 중 브라만 계급은 전체 인구 중 5퍼센트 이내에 불과하기 때문에 굳이 "내가 브라만이요."라고 말하지 않더라도 그저 자신의 성만 밝히면 대부분의 인도 사람들은 그가 브라만 계급인 것을 눈치챈다. 가장 대표적인 브라만 계급의 성으로는 샤르마*Sharma*, 바타차리아*Bhattacharya*, 무케르지*Mukherjee*, 데사이*Desai*, 미슈라*Mishra*, 바네르지*Banerjee* 등이 있다.

카스트 계급

바르나는 크게 네 개의 계급으로 분류되는데 성직자 계급인 브라만, 귀족과 군인 계급인 크샤트리아, 주로 상인 계급으로 구성된 바이샤, 육체노동과 농업에 종사하는 수드라 계급이다. 한편 이 네 개의 계급에 속하지 못하는 최하위의 불가촉천민 계급도 있다.

브라만, 크샤트리아와 같은 옛날식 이름이 남아있기는 하지

브라만
사제 및 학자

크샤트리아
군인 및 통치자

바이샤
농민 및 상인

수드라
노동자

달리트(불가촉천민)
청소부 등

● 카스트 개념도

만 현대 인도에서는 첫 번째부터 세 번째 계급을 '일반 카스트'
또는 '상위 카스트'라고 묶어서 부른다. 통계에 따라 조금씩 다
르긴 하지만 인도 전체 힌두교도 중에서 이들 세 개 계급이 차
지하는 비중은 네 명 중 한 명에 불과하다. 수드라 계급은 보통
'기타 후진 카스트'라고 불리는데 인도 전체 인구 두 명 중 한
명이 여기에 속한다. 마지막으로 불가촉천민은 '지정 카스트'
라는 이름으로 불린다.

한편 인도의 독립 시기부터 헌법에서 정해 보호하는 소수
민족집단이 있는데 애초에는 인도 북동부나 북인도의 산악 지

역에 살면서 힌두교를 신봉하지 않는 이들을 지칭했다. 인도 헌법에서는 이들을 '지정 부족'이라고 분류하는데, 지정 카스트와 지정 부족을 합하면 인도 인구 네 명 중 한 명 정도를 차지한다.

카스트의 영향력

현대의 인도에서 카스트가 얼마나 영향을 미치고 있느냐를 묻는 질문에 가장 정확한 답은 '특정한 영역에서는 그 영향력이 거의 사라졌지만 또 다른 특정한 영역에서는 아직도 막강한 영향력을 미치고 있다'이다.

독립 이후 인도 정부는 카스트에 의한 차별을 해소하기 위해 지속적인 노력을 기울여왔다. 예를 들어 대학 입시나 공무원 시험에서는 하위 계급 출신에게 일정한 비율을 할당하는 제도가 정착되어 카스트에 따른 차별이 꾸준히 약화되고 있는 것은 사실이다.

하지만 아직도 같은 계급의 사람들하고 결혼하려는 경향이 강하며 카스트가 낮은 계급의 사람이 제공한 음식이나 물은 먹지 않는 전통이 남아있다. 브라만 계급은 채식주의자 비율이 높은 반면 카스트가 낮은 계급에는 육식을 하는 사람이 많다. 지역적으로 따지자면 북인도로 갈수록 채식주의자 비율이 높

● 인도에서 판매되는 음식에는 채식(초록색) 또는 육식(붉은색)
임을 알리는 라벨이 붙어있다.

고 남인도나 서벵골주에서는 그 비율이 낮다.

얼마 전 아시아개발은행 뉴델리사무소 직원들과 점심을 같이할 기회가 있었는데 그 자리에 참석한 인도인 직원 중 라자스탄, 우타르프라데시, 우타라칸드 등 북인도 출신 직원들은 약속이나 한 듯이 채식주의자였던 반면 서벵골주 출신 직원과 남인도 출신 직원들은 생선과 고기를 가리지 않고 먹는 것을 보았다.

전반적으로 볼 때 도시보다는 농촌에서 카스트 제도의 영향력이 크고 인도 전체를 대상으로 살펴보면 남인도보다는 북인도와 인도 중부에서 영향력이 상대적으로 크다. 하지만 이것은 어디까지나 평균적으로 그렇다는 이야기이다. 세계적인 대도시인 뉴델리나 뭄바이에 진출한 우리나라 기업인들도 보이지 않는 카스트 제도의 영향력을 문득 발견하는 사례가 있다. 예를 들어 회사의 고위직에 브라만 계급이 아닌 낮은 카스트 계급의 사람이 있는 경우 대놓고 무시하거나 지시를 따르지 않는 경우가 종종 있다.

잠시 이 나라에 머물다 떠날 외국인이 이렇게까지 복잡하게 얽히고 설킨 카스트 제도를 제대로 이해하는 것은 사실 불가능에 가깝다. '카스트 제도를 이해하면 인도를 모두 이해한 것이다'라는 말이 있는데 카스트 제도를 끝끝내 이해하지 못하고 있으니 결론적으로 우리 같은 외국인이 인도를 완전히 이해하는 것은 불가능한가 보다.

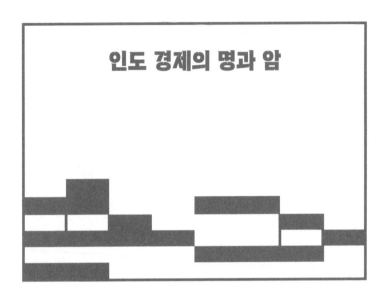

인도 경제의 명과 암

거대하지만 빈곤한 인도 경제

2022년 9월을 전후해 인도의 주요 언론들은 인도가 영국을 제치고 세계 5위의 경제 대국이 되었다고 보도했다. 국제통화기금의 추산에 따르면 미국(약 25조 달러), 중국(약 18조 달러), 일본(약 4조 3,000억 달러), 독일(약 4조 달러)에 이어 인도가 약 3조 5,000억 달러 규모의 경제가 되었다는 것이다.[3] 전 세계 국내총생산GDP을 모두 합하면 약 100조 달러로 추산되므로 인도 경제는 세계 경제에서 약 3.5퍼센트를 차지하는 셈이다. 우리나라 경제 규모가 약 1조 7,000억 달러로 13위 정도인 점을 감안하면 인도 경제가 제법 큰 규모라는 사실을 알 수 있다. 따라서 인도의 경제를 쉽게 이해할 수 있는 첫 번째 키워드는 '거대 경제'이다.

그런데 인도는 단순히 경제 규모만 큰 것이 아니다. 인구도 14억 명에 이를 정도로 매우 많다. 워낙 인구가 많다 보니 국내총생산으로 계산되는 인도의 경제 규모가 아무리 크다 해도 전체 인구수로 나눈 1인당 국민소득^{GNI}은 약 2,400달러 수준에 불과하다. 우리나라의 1인당 국민소득이 약 3만 4,000달러이고, 중국이 약 1만 2,000달러이므로 인도는 우리나라의 약 15분의 1, 중국의 약 5분의 1 수준이다.

실제로 인도는 1인당 국민소득을 기준으로 나눈 국가 기준에 따르면 '중하위소득국'에 속한다.● 인도 경제를 정의하는 두 번째 키워드는 '빈곤'이다. 그렇다면 인도는 옛날에도 지금처럼 빈곤한 나라였을까?

● 1인당 국민소득에 따라 국가를 분류하는 방법은 여러 가지가 있으나 가장 많이 쓰이는 분류는 세계은행에서 사용하는 4분법으로 2022년 기준은 다음과 같다.
(1) 연간 1인당 국민소득이 1,085달러 미만은 저소득국가(Low Income Countries, LIC)
(2) 1,086~4,255달러까지는 중하위소득국가(Lower Middle Income Countries)
(3) 4,256~1만 3,205달러까지는 중상위소득국가(Upper Middle Income Countries)
(4) 그 이상을 고소득국가(High Income Countries)
매년 물가 수준 변동에 따라 기준선은 계속 바뀐다. 인도는 1인당 국민소득이 2,400달러 내외인 전형적인 중하위소득국가에 속한다.

낮은 경제 성장률과 계층 간·지역 간 빈부 격차

지금은 미국과 중국이 G2 국가이지만 많은 경제학지가 1700년대에 이르기까지는 인도와 중국이 전 세계 국내총생산의 약 25퍼센트를 차지하는 G2 국가였을 것이라 추정한다. 그러다가 영국을 비롯한 제국주의 세력의 식민지로 전락한 이후 인도와 중국의 경제 규모는 급격하게 축소되었다. 반면 식민지에게서 값싼 원재료를 공급받을 수 있게 된 식민지 종주국들은 눈부신 경제 성장을 이룰 수 있었다.

1947년 인도는 마침내 영국에게서 독립했지만 그 후로도 30년이 넘도록 연평균 3~4퍼센트에 불과한 낮은 경제 성장률을 보였다. 워낙에 오랫동안 낮은 경제 성장률이 지속되다 보니 '힌두 경제 성장률'이라는 자조적인 별명까지 생길 정도였다. 독립 이후 오랫동안 인도를 지배했던 인도국민회의 소속 정치인들이 사회주의식 계획경제를 채택한 것이 '힌두 경제 성장률'의 가장 큰 원인이었다. 자유시장경제와는 달리 사회주의식 계획경제하에서는 비효율과 부패가 쉽게 자라날 수밖에 없었다.

우리나라는 이미 1960년대부터 연평균 9퍼센트를 넘나드는 고성장을 구가하고 있었고, 중국은 개혁개방의 길로 들어선 1980년대부터 9퍼센트대의 성장을 시현했다. 하지만 인도는 자유시장경제 조치를 대폭 도입한 1990년대 이후부터나 겨

주요 국가의 지난 60년간 평균 경제 성장률

(단위: %)

	1961~ 1970	1971~ 1980	1981~ 1990	1991~ 2000	2001~ 2010	2011~ 2020	1961~ 1990	1991~ 2020
중국	5.0	6.2	9.3	10.5	10.6	6.8	6.8	9.3
인도	4.0	3.1	5.6	5.6	6.8	5.1	4.2	5.8
한국	9.5	9.4	10.0	7.2	4.7	2.5	9.6	4.8
중하위 소득국	5.4	3.8	3.6	3.3	5.6	4.0	4.3	4.3
세계	5.2	3.8	3.2	3.0	3.0	2.4	4.1	2.8

우 경제 성장의 길로 들어섰고 그나마 우리나라나 중국보다 낮은 연평균 5~6퍼센트대의 성장률을 유지했다.

하지만 '인도의 모든 사람은 빈곤할 것이다'라고 섣불리 짐작하는 것은 곤란하다. 인도에는 엄청난 빈부 격차가 계층 간 그리고 지역 간에 존재한다. 보유한 재산이 10억 달러(약 1조 3,000억 원)가 넘는 이른바 '억만장자'가 가장 많은 나라는 단연코 미국(735명)이지만 인도(166명)가 중국(539명)에 이어 3위를 차지하고 있다.[4] 전 재산이 우리나라 돈으로 1,000만 원이 안 되는 사람도 부지기수인 반면 자신의 자산이 얼마인지 정확히 셀 수 없는 엄청난 갑부도 많다.

상상을 초월하는 빈부 격차는 지역 간에도 매우 심하다. 인도에서 가장 못사는 지역인 비하르주를 포함한 몇몇 지역은 아

● 인도 최대의 도시인 뭄바이에서도 극명한 빈부 격차를 확인할 수 있다.

무리 열심히 일해도 1년 동안 채 1,000달러(약 130만 원)도 못 벌지만 뉴델리나 뭄바이 같은 지역의 1인당 국민소득은 5,000달러를 훌쩍 넘어설 정도이다. 인도 경제를 이해할 또 다른 키워드는 '빈부 격차'이다.

젊고 역동적인 성장 가능성

그렇다면 인도라는 나라를 '빈부 격차가 심한 가난한 나라'라고만 기억하면 되는 걸까? 인도의 경제를 정의하는 마지막 키워드는 '성장 가능성'이다.

인도는 인구의 절반 이상이 28세 이하일 정도로 젊고 역동적인 나라이다. 한국과 중국의 경우 전체 인구의 중간값이 각각 43.7세와 38.4세인 점을 비교해보면 인도가 얼마나 젊은 나라인지 알 수 있다. 게다가 교육에 대한 높은 열의와 IT 산업, 제약 산업, 우주항공 산업 등에서의 비교적 높은 경쟁력을 지닌 국가이다. 이 때문에 최근 들어 주요 경제 예측 기관에서는 인도의 경제가 향후에도 지속적인 성장을 거듭해 빠르면 약 10년 안에 독일과 일본을 제치고 세계 3위의 경제 대국으로 등극할 것이라는 낙관적인 전망을 내놓고 있다.[5]

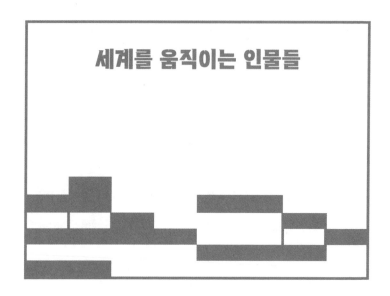

세계를 움직이는 인물들

정계와 산업계에 탄탄한 인도인 네트워크

2022년 10월 리시 수낙*Rish Sunak*이라는 특이한 이름을 가진 젊은 정치인이 제79대 영국 총리로 선출되었다. 그는 영국에서 태어나 평생 영국의 엘리트 코스를 밟으며 살아왔지만 다른 영국 정치인들과 크게 구별되는 한 가지 특징이 있었다. 바로 인도계 부모에게서 태어난 이민 2세라는 점이다.

2021년 1월 미국의 제49대 부통령으로 취임한 카말라 해리스*Kamala Harris*는 미국 최초의 여성 부통령이다. 동시에 최초의 아프리카계 부통령이자 아시아계 부통령이라는 기록도 갖고 있다. 그녀의 아버지가 자메이카계 미국인이고 어머니는 남인

● 리시 수낙 영국 총리　　　　　● 카말라 해리스 미국 부통령

도의 타밀나두주 출신이기 때문이다. '카말라'라는 그녀의 이름은 산스크리트어로 '연꽃'이라는 뜻이다.

　리시 수낙 외에도 한 나라의 수장이 인도계 후손인 경우로는 모리셔스 총리인 프라빈드 주가노트Pravind Jugnauth와 수리남 대통령인 찬 산토키Chan Santokhi가 있다. 미국이나 영국에서도 인도계 후손 정치인을 손쉽게 찾을 수 있다. 미국은 사우스캐롤라이나 주지사와 주유엔 미국대사를 지낸 니키 헤일리Nikki Haley, 루이지애나 주지사를 지낸 보비 진달Bobby Jindal이 대표적이다. 영국은 2022년 글래스고우에서 열린 유엔 기후변화협약 당사국 총회 의장을 맡은 전 영국 산업부장관 알록 샤르마Alok Sharma, 현재 영국 내무부장관을 맡고 있는 수엘라 브레이버만

Suella Braverman 등 많은 인도계 후손 정치인이 있다.

정치계뿐 아니라 경제계에는 더 많은 인도계 후손이 전 세계에서 활약을 펼치고 있다. 앞서 언급한 IT업계의 수장들은 물론이고 세계적 패션업체인 샤넬의 CEO 리나 나이르*Leena Nair* 또한 인도계이며, 스타벅스 수장인 락스만 나라시만*Laxman Narasimhan*도 인도계이다.

문화예술계에도 인도계 유명 인사가 많다. 아카데미상을 비롯해 여러 상을 수상한 영국의 유명 영화배우 벤 킹슬리*Ben Kingsley*도 인도계이며, 그룹 퀸의 리드 보컬이었던 프레디 머큐리*Freddie Mercury*와 세계적인 지휘자 주빈 메타*Zubin Mehta*도 인도계 집안에서 태어났다.

막강한 네트워크, 인디안 디아스포라

디아스포라*Diaspora*라는 말이 있다. 원래는 구약성경에 등장하는 말로 다윗과 솔로몬 시대를 거치며 중동의 강국으로 군림하던 이스라엘 왕국이 다른 민족에게 멸망당하면서 1945년 이스라엘을 건국하기 전까지 유대인들이 전 세계에 흩어져 살던 것을 이르는 말이다. 지금은 뜻이 조금 변해 자의든 타의든 고국을 떠나 살게 된 사람들을 일컫는 말로 사용된다.

본인 또는 부모가 대한민국에서 태어났으나 현재 외국에서 살고 있는 '코리안 디아스포라'는 약 732만 명으로 집계되는데 이 중 외국 국적을 취득한 사람은 481만 명이고, 대한민국 국적을 유지한 채 해외에 거주하는 사람은 약 251만 명이다.[6] 우리나라 인구(약 5,174만 명)의 약 14퍼센트를 차지한다.

전 세계에서 가장 큰 디아스포라 네트워크를 꼽으라면 '화교'라고 불리는 중국인 디아스포라이다. 약 5,000만 명이 동남아시아(약 3,000만 명)는 물론 전 세계에 널리 퍼져 있다.

인디안 디아스포라도 이에 못지않다. 2018년 인도 외무부의 집계에 따르면 전 세계에 약 3,215만 명의 인도계 인구가 살고 있는데 이 중 인도 출신 해외 시민*Overseas Citizenship of India, OCI*이라고 불리는 외국 국적 취득자는 약 1,870만 명이고, 인도 국적을 갖고 있는 해외 거주 인도 국적자*Non Resident Indian, NRI*는 1,345만 명 정도이다.[7] 인도 출신 해외 시민은 미국(약 318만 명)에 이어 인도 인접 국가인 말레이시아(276만 명), 미얀마(200만 명), 스리랑카(160만 명) 순으로 많이 살고 있다. 대부분의 경우 성실하고 근면하게 돈을 모아 경제 기반을 마련했고 정착한 국가의 국적까지 취득했으므로 특별한 이유가 아닌 이상 인도로 되돌아올 계획을 갖지 않은 경우가 많다.

반면 해외 거주 인도 국적자는 주로 아랍에미리트(342만 명), 사우디아라비아(259만 명), 미국(128만 명), 쿠웨이트(103만 명), 오만(78만 명), 카타르(75만 명) 등에서 근무하는 노동자가 대부분이다. 중동의 다섯 개 나라에 전체 해외 거주 인도 국적자의 약

64퍼센트(856만 명가량)가 살고 있다. 이들은 계약 기간 동안에만 외국에 거주하며 계약이 종료되면 다시 인도로 돌아온다.

조금 오래된 자료이기는 하시만 미힝공우주국 *NASA* 직원의 열 명 중 세 명이 인도계이고, 미국에서 새롭게 박사 학위를 받은 사람 열 명 중 네 명이 인도계라는 통계도 있었다.[8] 그만큼 인도 사람들은 새로운 환경에 쉽게 적응하며 경쟁을 뚫고 최첨단 분야에 진출하고 있다.

인도 사람들이 해외에서 성공을 거두는 원인을 분석해보면 여러 가지가 있다. 일단 인도라는 나라가 갖는 다인종, 다종교, 다문화적 특성이 일찍부터 체화되어있어 해외 어느 나라에서도 쉽게 동화된다. 또한 이러한 다양성과 여기에서 파생되는 갈등 상황을 해결하는 데 익숙하여 글로벌 기업의 중간 관리자는 물론이고 최고위직까지 비교적 수월하게 올라갈 수 있다는 분석도 있다. 물론 인도 사람들끼리 서로 아껴주고 지원해주는 그들 특유의 동료 의식도 한몫한다.

해외 거주 인도 국적자들을 이야기할 때 잊지 말아야 할 것이 있다. 인디안 디아스포라에는 유명 회사의 CEO, 과학자, 기술자도 있지만 중동을 포함한 전 세계에서 고된 노동에 시달리는 비숙련 노동자도 수백만 명에 이른다는 사실이다. 실제로 2022년 개최된 카타르월드컵 경기장 건설에도 수많은 인도 출신 노동자가 동원되었는데 경기장 건설이 시작되고부터 무려 6,500명이나 되는 인도 출신 노동자가 카타르에서 일하다가 사망했다.[9] 고되고 혹독한 노동 환경, 무더운 날씨, 제대로 확보되지 않은 안전장치 속에서 피로가 누적되고 부상이 겹치면서 많은 이가 죽음으로 내몰린 것이다. 모든 것이 양극화되어있는 인도. 심지어 해외에 사는 해외 동포 사회도 이렇게 양극화되어있다.

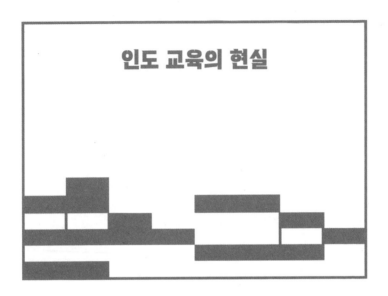

인도 교육의 현실

내가 살고 있는 동네에는 델리퍼블릭스쿨이라는 제법 규모가 큰 학교가 있다. 아침에 출근하다 보면 8시도 안 된 이른 시간에 교문 앞은 등교하는 학생들을 태우고 온 자가용으로 엄청난 교통 체증이 발생한다. '퍼블릭'이라는 이름이 들어가 있어서 공립학교라고 생각했는데 사실 이 학교는 인도에서 가장 유명한 사립학교 체인이었다.

델리퍼블릭스쿨에서 조금만 더 가면 인도의 시성(詩聖) 라빈드라나트 타고르의 이름을 딴 타고르인터내셔널스쿨이라는 학교가 나타난다. 단정하게 교복을 차려입은 학생들이 자가용이나 스쿨버스에서 내려 부지런히 학교 안으로 걸음을 재촉한다. 교문 안을 슬쩍 들여다보면 '여기가 인도가 맞나?' 싶을 정

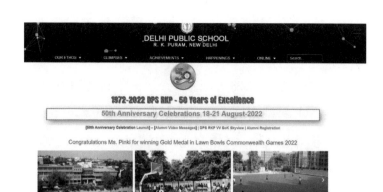

● 인도에서 가장 유명한 사립학교 중 하나인 델리퍼블릭스쿨이 홈페이지를 통해 농구장과 인조 잔디가 깔린 축구장을 홍보하고 있다.

도로 깔끔하게 정돈된 교정에서 비록 인도식 억양이 조금 섞여 있기는 하지만 완벽한 영어를 구사하는 선생님들이 등교 지도를 하고 있다.

인도의 교육 제도와 청소년들의 생활은 과연 어떨까? 우리가 가끔 언론을 통해서 접하는 인도 교육에 대한 이야기는 과연 인도 교육의 모든 면을 다 담고 있을까?

교육에서도 나타나는 다양성과 양극화 현상

인도의 모든 것은 너무나도 다양하고 때에 따라서는 양극화되어있는데 교육에서도 이러한 현상은 매우 뚜렷하다. 우리나라와 인도의 교육 제도 및 청소년들의 생활을 비교해보자.

일단 우리나라의 학제는 초등 과정 6년, 중등 과정 3년, 고등 과정 3년으로 총 12년이다. 이후 2년 또는 4년간의 대학 교육을 받는다. 반면 인도는 1964년 인도 교육위원회의 결정에 따라 초등 과정 5년(1~5학년), 중등 과정 5년(6~10학년), 고등학교 2년(11~12학년)으로 총 12년의 학제로 구성되어있고, 대학 교육은 3년 과정이다. 중등 과정까지는 의무 무상교육으로 정해져 있다. 10학년을 마치고 졸업시험을 한 차례 보게 되며 이후 대학에 진학하고자 하는 학생은 고등학교 과정 2년을 추가로 공부해 대학에 입학한다.

우리나라에서는 전국에 있는 거의 모든 학교가 3월 초에 학기를 시작해 7, 8월 정도에 여름방학을 하고 다시 12월과 1월에 겨울방학을 해 2월 말에 학기가 동시에 마무리된다. 하지만 28개의 주를 가진 인도에서는 지역마다 학기를 시작하고 마치는 시기가 약간씩 다르다. 북인도는 보통 4월을 전후해 학기를 시작하고 이듬해 3월에 마무리한다. 남인도는 6월을 전후해 학기를 시작하고 이듬해 4월경에 마무리한다. 몬순이 시작되기 직전 더위가 정점에 이르는 5월을 전후해서 긴 여름방학을 가지며 지역에 따라서는 10월이나 11월의 디왈리 축제, 12월의 크리스마스를 전후해 짧은 방학을 갖기도 한다.

10학년까지는 주요 과목은 물론 음악, 미술, 체육 등을 골고루 배운 후 11학년과 12학년에서는 대학에서 공부할 과목에 맞춰 다섯 개 내외의 과목을 심화 학습한다. 예를 들어 공대에 진학하고자 하는 경우 수학, 물리, 화학, 영어, 제2외국어 등을 집중적으로 배운다.

2억 5,000만 명의 학생들

우리나라는 전체 초중고 학생의 약 77퍼센트가 국공립학교에 재학하고 있다. 인도의 경우 약 150만 개의 초·중·고등학교가 전국에 퍼져 있는데 전체 학생 약 2억 5,000만 명 중 절반가량인 1억 2,000만 명이 사립학교에 다니고 있다.

인도에서는 초등학교 진학률이 매우 높아서 초등학교 1학년은 100퍼센트에 가까운 진학률을 보이지만 학년이 올라갈수록 학업을 포기하는 아이들이 빠르게 증가한다. 11세를 전후해서는 열 명 중 한 명이 학교를 영원히 떠나며, 13세를 전후해서는 열 명 중 두 명 이상이 학업을 포기한다.

이렇다 보니 매년 10학년 졸업인증시험을 통과해서 11학년에 진학하는 학생 수는 전체 학생의 50퍼센트 수준이다.[10] 아이들이 학업을 포기하는 이유는 안타깝게도 가난 때문이다. 어린 나이에 가족의 생계를 돕기 위해 초등학교를 겨우 마치고 생업 전선에 뛰어들기 때문이다.

인도 학생의 50퍼센트가 재학 중인 공립학교의 교육 수준이 낮은 것 또한 문제이다. 2015년 1월 공립학교에 재학 중인 학생을 대상으로 조사한 자료에 따르면 초등학교 2학년 교재를 제대로 읽을 줄 아는 초등학교 5학년이 두 명 중 한 명에 불과했고, 초등학교 6학년 중 뺄셈을 제대로 할 줄 아는 학생은 네 명 중 한 명에 불과했다.[11] 참으로 안타까운 수준이다.

반면 평균적인 인도 사람들은 꿈도 꾸기 어려운 1년에 몇백만 원이나 되는 수업료를 내면서 다니는 사립학교에서는 상당히 높은 수준의 교육이 이루어진다. 공립학교는 대부분의 수업이 힌디어 또는 지역 언어로 이루어지지만 사립학교에서는 대부분 영어로 교육이 진행된다.

우리가 언론 매체를 통해 접하는 '수준 높은 인도 교육'에 관한 뉴스들은 이러한 사립학교를 졸업한 일부 부유한 학생들에 국한된 이야기이다. 2020년 이후 코로나19 사태로 인해 인도에서도 재택 수업이 오랫동안 유지되었는데 인터넷에 접근할 수 있고 컴퓨터를 보유한 부유층과 그렇지 못한 계층 간의 교육 격차는 이전보다 더 커진 것으로 파악되고 있다.

우수한 인재를 제대로 교육하지 못하는 대학교

12학년을 마친 학생들은 우리나라보다 더 치열한 입시 경쟁을 치른다. 대학에서 일반적인 전공을 공부하고자 하는 학생

● 인도공과대학

은 '공통대학입학시험*Common University Entrance Test, CUET*'에 응시한다. 하지만 일부 특수한 전공, 예를 들어 의학을 전공하고자 하는 학생은 NEET*National Eligibility cum Entrance Test*, 공학을 전공하고자 하는 학생은 JEE *Joint Entrance Exam* 등의 특별한 시험을 치러야 한다. 이 시험의 난이도는 매우 높아서 시험 응시 학생을 전문적으로 가르치는 사교육 기관이 매우 발달해 있다.

　의학이나 공학을 전공하려는 학생은 많은데 입학 정원이 한정되어있다 보니 인도공과대학과 같은 유명한 학교는 지원자 100명 중 1~2명만 최종적으로 합격하는 경우도 있다. 이런 대학을 졸업하면 유명 외국계 기업에 취업할 기회가 매우 높다. 다만 이렇게 우수한 학생들이 모인 인도의 유명 대학 중 전 세계적으로 뛰어난 연구 성과를 내는 경우는 찾아보기 힘들다. 인도 정부의 부족한 재정 상황 탓에 고등 교육 기관에 대한 투자가 한정적이다 보니 우수한 학생들을 유치하기는 하지만 그에 걸맞는 연구 성과는 내지 못하고 있다.

결국 이러한 학교를 졸업한 학생 중 우수한 학생은 미국이나 영국 등으로 유학을 가는데 지금 세계 IT업계를 호령하는 인도계 출신 CEO들은 이러한 유학생 출신이다. 해외에서 활약하는 이러한 인도계 후손들은 대다수의 인도 사람이 접해보지 못한 사립학교와 엘리트 중심 교육에서 양성된 극소수의 사람들인 것이다.

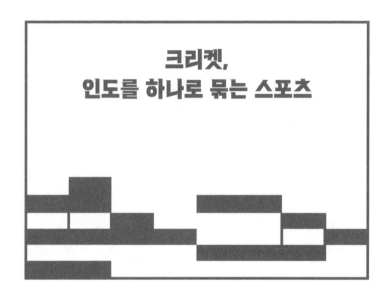

크리켓,
인도를 하나로 묶는 스포츠

집 앞 공원에 산책가거나 지방 출장을 가게 되면 빠지지 않고 보게 되는 장면이 있다. 바로 인도의 국민 스포츠 '크리켓'을 즐기는 인도 사람들의 모습이다. 공을 치고 달릴 수 있는 공간만 있으면 어김없이 누군가는 크리켓을 즐기고 있다. 다른 운동 경기와 마찬가지로 크리켓 역시 몇몇 국가에서는 그야말로 열광적인 반응을 이끌어내지만 또 다른 나라에서는 그 존재조차 모른다.

1600년대 영국에서 만들어진 크리켓은 현대 야구의 할아버지쯤 되는 스포츠이다. 거의 수백 년이나 된 골동품 같은 운동이 어떻게 인도는 물론이고 서남아시아를 들었다 놨다 하는 국제적인 스포츠로 변모하게 된 것일까?

야구와 같은 듯 다른 크리켓의 규칙

일단 인도와 크리켓에 대한 이야기를 하려면 간단하게나마 크리켓의 경기 규칙을 이해할 필요가 있다. 얼핏 보면 크리켓은 한국 사람들이 잘 아는 야구와 비슷하다. 누군가는 공을 던지고 누군가는 공을 친다. 공을 치는 사람 뒤에는 포수처럼 공을 잡으려는 사람이 엉거주춤 서 있고, 그 공을 잡으러 이리 뛰고 저리 뛰는 수비수들의 모습도 보인다.

그런데 경기 규칙과 진행 방식은 물론, 선수들의 행동에도 야구와 다른 점이 꽤 많다. 야구는 9명이 경기하지만 크리켓은 야구의 투수에 해당하는 보울러, 타자에 해당하는 배츠맨, 포수에 해당하는 위켓키퍼를 포함해 11명이 경기에 참여한다. 야구에서의 내야와 투수 마운드에 해당하는 지역을 크리켓에서는 핏치라고 부르는데 양쪽 길이가 약 22미터, 폭은 3미터가 넘는 직사각형의 공간이다. 양쪽 끝에는 야구의 베이스에 해당하는 위켓이 각각 설치되어있다.

야구와 달리 크리켓에서는 보울러가 전력 질주로 달려와서 공을 던지는데 이 공이 위켓에 닿기 전에 배츠맨이 쳐내야만 한다. 야구는 다이아몬드 모양으로 만들어진 경기장에서 앞쪽으로만 공을 쳐내야 하지만 크리켓의 경우 전후좌우 구별 없이 아무 방향으로나 공을 쳐내도 된다. 즉 야구에서와 같은 파울이 없다. 게다가 야구에서는 3명만 아웃시키면 공격과 수비

● 크리켓 국가 대항전 경기 모습

가 바뀌지만 크리켓에서는 무려 열 명의 배츠맨을 아웃시켜야 공수 교대가 되기 때문에 심한 경우 몇백 점까지 점수 차가 나기도 하고 경기 시간도 매우 길어 며칠 동안 승부를 겨루는 경우도 있다.

크리켓과 사랑에 빠진 인도

인도에 크리켓이 처음 전파된 것은 인도에 주재한 동인도 회사 직원들과 영국 군인들이 크리켓을 즐기기 시작하면서 부터이다. 공식적으로 기록된 인도에서의 첫 크리켓 경기는

1751년에 열렸다. 이후 1947년 인도가 독립하고 영국인들이 인도를 떠난 후에도 크리켓은 인도 사람들의 사랑을 받았다. 비싼 장비가 필요 없고 평평한 땅만 있으면 경기를 할 수 있다는 점도 크리켓의 인기에 한몫했다. 또한 축구나 농구와는 달리 신체 접촉이 일어나지 않는 크리켓의 특성은 서로 다른 카스트 사이에서의 신체 접촉이 엄격하게 금지된 인도의 사회적 특성과도 잘 맞았다.

현대 인도에서 크리켓과 관련해 가장 큰 사건이 두 가지가 있다. 첫째는 1983년 영국에서 열린 크리켓 월드컵에서 인도가 우승한 일이고, 둘째는 2008년 인도 크리켓 리그인 인도 프리미어 리그*Indian Premier League, IPL*가 출범한 일이다. 나이가 조금만 지긋한 인도 사람이라면 1983년 크리켓 월드컵 준결승에서 인도가 다른 나라도 아닌 자신들의 식민 종주국 영국을 꺾고 결승전에 오른 후 우승컵까지 차지한 사실을 또렷하게 기억하고 있을 것이다. 4년 후인 1987년에는 인도와 파키스탄이 크리켓 월드컵을 공동 개최하기도 했다. 1980년대는 그야말로 인도에서 크리켓 붐이 일어났고 그 인기가 계속되었다.

새로운 종류의 크리켓 등장, 인도 프리미어 리그

2008년에 출범한 인도 프리미어 리그는 여러 가지 측면에

● 2023년 인도 프리미어 리그의 개막을 축하하는 화려한 공연

서 크리켓이라는 전통적인 스포츠를 크게 변화시켰다. 일단 종
주국인 영국에서는 인기가 시들해지던 크리켓이 수천 킬로미
터 떨어진 인도에서 세계적인 프로 스포츠 리그로 부활하는 계
기가 되었다. 전통적인 크리켓은 같은 동네에 사는 사람들끼리
결성된 클럽을 기반으로 운영되던 일종의 풀뿌리 스포츠였다.
과격한 신체 접촉이 없어서 '젠틀맨스 게임'이라는 애칭으로
불렸으며 국가 간 대항전●과 4년마다 열리는 크리켓 월드컵을
중심으로 운영되어왔다.

하지만 인도에서 출범한 인도 프리미어 리그는 달랐다. 우

● 크리켓에서는 국가 대항전을 '테스트 매치(Test Match)'라고 부른다.

선 인도의 거대 기업이 구단주로 나선 열 개의 팀이 엄청난 광고와 TV 중계료를 기반으로 리그를 구성했다. 2022년에는 향후 5년간의 인도 프리미어 리그 방송 중계권이 무려 62억 달러(7조 4,000억 원)에 거래되기도 했다. 1년 중 약 두 달간 열리는 인도 프리미어 리그는 누적 시청자 수만 해도 수억 명에 달했다. 인도가 전 세계에서 최초로 크리켓 리그를 완벽하게 상업화시키는 데 성공한 것이다. 물론 '운동 경기를 돈벌이 수단으로 변질시켰다'면서 상업화되어가는 인도의 크리켓 리그에 우려를 표하는 사람도 많이 있다.

인도 프리미어 리그가 열리는 약 두 달 동안 다른 나라에서는 크리켓 경기가 일제히 중단된다. 세계 유명 크리켓 선수 대부분은 인도 프리미어 리그 소속이라서 국가 대항전이 열릴 수 없기 때문이다. 크리켓 경기로 발생하는 전 세계 수입의 약 70퍼센트가 인도 크리켓 경기에서 발생하기 때문에 인도라는 나라가 세계 크리켓 공동체에 가지는 영향력이 너무 크다고 우려하는 목소리도 있다. 하지만 수백 년 전에 만들어진 운동 경기를 화려하게 부활시킨 인도 사람들의 사업적 수완만큼은 인정해줄 수밖에 없다.

오토릭샤에서 비행기까지

인도의 첫 관문, 인디라 간디 국제공항

인천국제공항을 이륙한 비행기는 대략 8시간의 비행을 마치고 뉴델리에 있는 인디라 간디 국제공항에 미끄러지듯 착륙했다. 과거 인도 총리였던 인디라 간디*Indira Gandhi*의 이름을 붙인 이 국제공항은 승객과 화물 운송의 측면에서 가장 바쁜 공항일 뿐 아니라 2021년에는 총 3,714만 명의 승객이 이용한 아시아에서 가장 분주한 공항이다.

인도에서 국내 여행을 할 때 가장 빈번히 이용하는 것은 항공기이다. 워낙 영토가 넓다 보니 도로나 철도 시설을 이용해 여행하기가 적합하지 않기 때문이다. 국영 항공사였다가 인도

● 인디라 간디 국제공항 입국장

의 대기업인 타타그룹으로 소유권이 넘어간 에어인디아를 포함해 다양한 민간 항공사가 인도의 하늘을 누비고 있다.

그 덕분에 인도는 미국과 중국에 이어 세계에서 세 번째로 큰 항공 시장이다. 실제로 2014년 1년 동안 총 1억 6,800만 명이 인도의 각 공항을 이용했는데 그 규모가 급격히 증가해 2019년에는 3억 4,000만 명이 이용한 것으로 나타났다.

오랜 역사를 지닌 철도

인도의 도시와 도시를 연결하는 교통망으로 철도 역시 언급해야 한다. 인도 최초의 철도는 1830년대 남인도의 첸나이 지역에 건설되었는데 우리나라 최초의 철도인 경인선이 1899년을 전후해 개통된 것을 감안하면 인도 철도의 역사는 매우 오래되었다. 총 노선 약 6만 8,000킬로미터로 미국, 러시아, 중국에 이어 세계에서 네 번째로 긴 철도망을 가지고 있다.

한편 인도 최초의 고속철은 경제 중심지인 마하라슈트라주의 뭄바이와 구자라트주의 아메다바드를 연결하는 508킬로미터 노선으로 건설 중인데 2028년을 전후해 전 구간이 개통될 것으로 전망되고 있다.

인도의 대중교통

공항에서 뉴델리 시내로 들어가려면 지하철을 타거나 우버 서비스를 이용하면 된다. 지하철의 경우 콜카타에 이어 인도에서 두 번째로 만들어진 뉴델리 지하철을 이용하면 된다. 뉴델리의 지하철은 총 열 개의 노선에 약 250개의 역이 350킬로미터에 걸쳐 펼쳐져 있는 현대식 시설이다.

2006년에 발생한 뭄바이 열차 테러 및 몇 차례의 테러 공격으로 지하철을 탈 때마다 소지품 검사를 받아야 해서 불편하지만 뉴델리 지하철을 타면 의외로 전동차와 역사를 포함한 시설이 깔끔하고 현대적이라는 것에 놀랄 것이다. 참고로 우리나라 기업인 현대로템이 뉴델리 지하철에서 운행하는 차량 중 상당수를 제작해 납품했다. 나도 몇 차례 뉴델리 지하철을 이용했는데 차량에 붙어있는 한국 기업의 로고를 보고 가슴이 뿌듯했던 기억이 있다.

인도 현지인은 물론 인도에 주재하는 외국인이 종종 이용하는 서비스로 우버 서비스가 있다. 선진국 수준의 깨끗하고 안락한 차량은 아니지만 비교적 저렴하고 편안하게 목적지까지 갈 수 있다. 인도에서 이용할 수 있는 우버 서비스는 인도라는 나라답게 차량은 물론 오토릭샤 심지어 오토바이와 같은 다양한 교통수단을 제공해준다. 요금 수준을 보고 탈것을 고르면 된다.

뉴델리 시내로 들어오게 되면 다양한 교통수단을 볼 수 있다. 최고급 수입 자가용과 저렴한 인도 국산 차량, 노선버스, 오토바이와 오토릭샤 등이 복잡하게 얽혀 있는 인도의 도로는 한국과 비교하면 상당히 혼잡한 편이다. 게다가 가끔은 소가 유유히 도로 한복판을 가로질러 가면서 차량의 흐름을 방해하는 상황도 마주

● 우버 앱의 화면

● 고급 외제차, 인도 국산차, 버스, 오토바이와 오토릭샤가 공존하는 인도의 도로

● 인도 주택가 도로의 모습. 차량과 동물이 사이좋게 공존한다.

● 천연가스로 운행되는 뉴델리의 청정 오토릭샤. 왼쪽 후미등 밑에 써 있는 CNG는 Clean Natural Gas의 약자이다.

하게 된다. 사람과 차량, 동물들이 함께 도로를 이용하면서 다투지 않는 모습이 이색적이다.

인도의 가장 대표적인 교통수단은 단연코 오토릭샤이다. 노란색 지붕에 초록색 몸통을 가진 오토릭샤는 인도 사람들이 가장 많이 이용하는 교통수단이기도 하다. 작고 민첩한 움직임 덕분에 크고 작은 도로에서 불편함 없이 다닐 수 있고 택시에 비해 저렴한 요금 덕에 서민들에게 사랑받고 있다.

경유를 연료로 사용하는 오토릭샤는 대도시 공해의 주범이었으나 뉴델리의 경우 2023년 1월부터 경유를 사용하는 오토릭샤의 차량 등록을 금지하는 것을 비롯해 뒤늦게나마 공기 오염을 저감하기 위한 조치에 나서고 있다. 뉴델리에는 약 9만 5,000대에 달하는 오토릭샤가 등록되어있는데 현재는 천연가스로 운행되는 청정 오토릭샤가 대부분을 차지하고 있다.

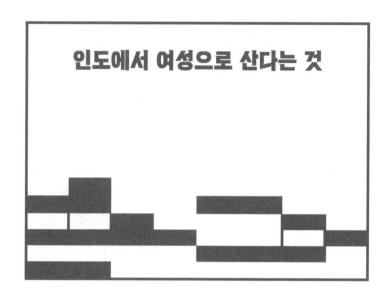

인도에서 여성으로 산다는 것

인도에서의 여성의 지위

인터넷이나 기타 매체에서 인도 관련 영상을 접할 때마다 활짝 웃고 있는 여성을 종종 볼 수 있는데 그 미소 속에 숨겨진 안타깝고 비참한 인도 여성의 현실을 마주할 필요가 있다.

2022년 7월에 발표한 세계경제포럼의 세계성평등지수 *Global Gender Gap Index*에 따르면 인도는 조사 대상국 146개국 중 135위를 차지했다. 경제 활동 참여 분야에서는 143위, 학업 성취 부분에서는 그나마 나은 107위를 기록했지만 건강과 생존 부분에서는 146위를 차지했다.[12] 한마디로 여성으로서 건강하고 안전하게 살아가기 매우 힘든 나라라는 뜻이다. 전체 인

The gender score | India ranked 135 in gender parity out of 146 countries, according to the Global Gender Gap Report 2022 released by the World Economic Forum. A look at India's ranking in the four sub-indexes based on which the overall ranking was determined

India	Rank 2022*
Global gender gap index	135
Economic participation and opportunity	143
Educational attainment	107
Health and survival	146
Political empowerment	48

*out of 146 countries

● 2022년 세계 성평등 보고서 중 인도 관련 부분을 보도한 인도의 신문 기사. 인도는 조사 대상 146개국 중 135위를 차지했다.

구 열 명 중 일곱 명이 거주하는 시골 지역에서는 기본적인 의료 서비스조차 제공받지 못하는 인도의 질 낮은 의료 인프라가 가장 큰 이유일 것이다.

인도에서는 여성의 경제적 지위 또한 매우 낮다. 세계은행은 전 세계 나라의 주요 사회, 경제 지표를 조사해 발표하는데 여기에는 여성의 경제 활동 참여율에 대한 자료도 있다. 즉 여성이 가정에서 가사 노동만 담당하지 않고 사회에 나가 경제 활동을 하는 사람이 얼마나 많은지를 조사한 비율이다.[13] 가장 최근 세계은행 발표에 따르면 전 세계 약 190개국 중 여성의 경제 활동 참여율을 가장 낮은 국가부터 순위를 매기면 인도는 10위이다.

인도보다 여성의 경제 참여율이 낮은 국가는 예멘, 이라크, 이란, 아프가니스탄, 시리아 등 내전이나 정치적 불안을 겪은 나라들이다. 결국 인도는 전체 여성 열 명 중 단 두 명만 제대로 된 경제 활동을 하고 있는 셈이다. 이는 서구식 자유민주주의 체제와 시장경제 체제를 가진 나라 중에서 세계 최저 수준이다.◆

◆ 세계은행의 여성 경제 활동 참여율 통계는 일용직 고용을 제외한 정규직 고용만을

세계에서 여성의 경제 활동 참여율이 가장 낮은 열 개 나라의 비율

(단위: %)

순위	국가	1990	2000	2010	2021	1990~2021 차이
1	예멘	17.1	20.5	10.0	6.0	△11.2
2	이라크	8.3	9.6	11.9	11.1	2.8
3	요르단	13.9	15.5	16.1	13.5	△0.4
4	이란	10.0	13.8	15.2	14.4	4.4
5	아프가니스탄	15.2	14.8	15.1	14.8	△0.3
6	이집트	22.3	20.5	23.2	15.4	△6.9
7	알제리	10.9	12.4	14.2	15.7	4.8
8	시리아	19.1	20.8	13.0	15.7	△3.3
9	지부티	14.2	15.1	16.9	17.2	3.0
10	인도	30.4	30.5	26.0	19.2	△11.2

(출처: 세계은행 데이터뱅크)

집계하기 때문에 인도 여성의 경제 활동 참여율이 실제보다 왜곡되어 낮게 나타난다고 볼 수 있다. 그렇다 하더라도 세계은행 통계는 '노동권을 제대로 보장받지 못하고 일용직 농민과 노동자로 불안정하게 살아가는 인도 여성 인구가 얼마나 많은지'를 역설적으로 보여준다는 점에서 의미가 크다. 또 한 가지 안타까운 점은 1990년대 초반 그나마 간신히 30퍼센트대를 유지하던 비율이 지속적으로 하락해 2021년에는 20퍼센트대 밑으로 떨어졌다는 것이다. 하락 폭도 매우 커서 오랜 내전으로 고통받는 예멘(11.2퍼센트 감소)과 유사한 수준으로 감소했다.

인도에서 여성으로 살아가기 힘든 이유는 복합적이다. 첫째, 여성을 평등한 직장 동료 또는 동반자로 인정하지 않고 오로지 숭배의 대상(힌두교에는 수많은 여신이 존재한다) 또는 성적 대상으로만 인식하는 왜곡된 의식 때문이다. 여기에 결혼지참금(다우리)이라는 전근대적인 결혼 문화 탓에 예비 며느리에게 막대한 규모의 지참금을 요구하는 악습도 사라지지 않고 있다.

이렇게 힘들게 결혼해도 엄청난 양의 가사 노동이 기다리고 있다. 가사 노동은 오롯이 여성의 것이라 인식하는 고루한 가치관이 고쳐지지 않고, 특히 시골을 중심으로 이러한 인식이 더욱 강하다 보니 가사 노동은 거의 전적으로 여성이 담당한다. 사회에 나가 제대로 된 경제 활동을 할 수 없다.

인도의 경제가 충분히 산업화되지 못한 점 또한 여성의 경제 활동 참여를 어렵게 한다.[14] 저소득국가가 경제 발전을 하려면 농촌에서 농업 생산성 향상이 일어난 후 여기서 발생한 유휴 노동력이 간단한 공산품을 생산하는 경공업 분야로 옮겨가야 한다.

실제로 우리나라와 중국에서도 경제 발전 초기에는 농촌 지역 여성들이 도시로 이주해 가발, 신발, 의류 등을 만드는 경공업 분야에 많이 취업했다. 하지만 인도는 이러한 비숙련 노동력을 흡수할 노동 집약적인 경공업이 발달하지 못했다. 그런

와중에 농촌에서의 농업 생산력이 조금씩 향상되었고 그로 인해 일자리를 잃은 여성들이 그대로 실업자되었다.[15]

마지막으로 2020년 이후 코로나19 사태로 여성은 남성보다 더 큰 피해를 입었다. 언제든지 해고할 수 있는 일용직 노동에 종사하고 있던 대부분의 비숙련 여성 노동자들은 코로나19 사태가 터지자 가장 먼저 해고되었다. 그 결과 코로나19 사태가 가장 극심했던 2020년 4~6월 중 여성의 경제 활동 참여율은 15.5퍼센트까지 떨어졌다가 그 이후 조금씩 회복되었다.[16] 한 마디로 인도에서는 종교적 영향, 문화적 관습, 경제 구조에 이르기까지 어느 것 하나 여성의 경제 활동 참여에 우호적인 환경을 찾기가 어렵다.

조금씩 변화하고 있는 여성의 지위

그럼에도 인도에서도 조금씩 변화가 나타나고 있다. 여성의 진학률도 꾸준히 높아지고 느리기는 하지만 민간 부문에서도 여성의 취업이 조금씩 늘어나고 있다. 특히 IT 분야나 공공 부문에서는 똑똑하고 진취적인 여성들이 자신의 실력을 발휘하면서 열심히 사회 활동을 하고 있다. 인도 정부도 여학생의 진학률을 높이기 위해 각종 유인책을 제공하는 등 다양한 정책을 펴고 있다. 북인도나 인도 중부보다 경제적으로 비교적 풍요

● 2022년 소수 부족 출신 여성 정치인 드루파디 무르무(Droupadi Murmu)가 인도의 15대 대통령으로 선출되었다.

로운 남인도에서는 여성의 정치 및 경제 활동 참여가 더 활발하게 나타나고 있다는 점 또한 희망적인 신호라고 할 수 있다.

인도는 여성으로 살아가기 매우 힘든 나라이다. 하지만 나렌드라 모디가 2022년 독립기념일 연설에서 양성평등을 위해서 노력해야 한다고 외쳤고 실제로 인도 정부와 국민도 문제점을 고치기 위해 계속 노력하고 있다. 수천 년 동안 이어진 종교와 문화의 영향 탓에 단시간 내에 개혁하지는 못하고 있으나 분명히 조금씩 개선되고 있다.

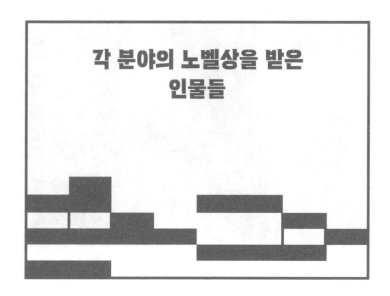

노벨 경제학상을 받은 인물들

매년 10월 스웨덴과 노르웨이에서는 노벨상 수상자를 발표한다. 물리학, 화학, 생리학/의학과 같은 과학 분야와 함께 문학, 경제학 분야, 그리고 세계 평화와 인권 신장에 기여한 사람들이 수상자로 결정된다.

2019년 노벨 경제학상 수상자는 아비지트 바네르지*Abhijit Banerjee*, 에스테르 뒤플로*Esther Duflo*, 마이클 크레머*Michael Kremer*였다. 이들은 빈곤 퇴치를 위한 연구를 혁신해 개발경제학 분야의 발전에 크게 기여한 공로로 이 상을 받았다. 당시 대부분의 언론은 에스테르 뒤플로에게 관심을 기울였다. 2009년 엘리

● 2019년 노벨 경제학상을 수상한 에스테르 뒤플로와 아비지트 바네르지 부부

노 오스트롬*Elinor Ostrom*에 이어 두 번째로 노벨 경제학상을 받은 여성 경제학자였을 뿐만 아니라 케네스 애로우*Kenneth Joseph Arrow*(1972년 만 51세로 노벨 경제학상 수상)보다 젊은 만 46세의 나이로 역대 최연소 노벨 경제학상 수상자였기 때문이다. 자연과학에서 주로 사용되던 실험적 방법을 사회과학인 경제학에 도입해 빈곤 퇴치를 위한 실용적인 방법을 도출한 그녀의 연구 또한 새롭게 주목받았다.

에스테르 뒤플로의 유명세에 가려져 있었지만 공동 수상자였던 아비지트 바네르지 역시 개발경제학 분야에서 매우 유명한 학자이다. 벵골 출신 집안의 후손인 그는 마하라슈트라주의 뭄바이에서 태어났으며 자와할랄네루대학교와 하버드대학교를 거친 수재로 노벨 경제학상 수상 당시 아내인 에스테르 뒤플로와 함께 메사추세츠공과대학 경제학과 교수를 역임하고 있었다. 에스테르 뒤플로와 함께 빈곤 퇴치와 경제 개발이라는 주제에 집중해 수십 년간 연구 성과를 쌓아온 것을 인정받아 노벨 경제학상을 받은 것이다. 그는 미국 국적자이지만 노벨 경제학상 수상 당시 인도에서도 대대적으로 그의 수상을 보도하며 축하를 전했다. 그렇다면 아비지트 바네르지 이전에 노벨 경제학상을 받은 인도 사람은 없을까?

아마르티아 센*Amartya Sen*은 1998년 후생경제학과 빈곤에 대한 연구로 아시아인 최초로 노벨 경제학상을 받았다. 그는 1933년 인도 북동부의 벵골 지역에서 태어나 방글라데시의 수도 다카와에서 어린 시절을 보냈다. 1940년대 중반 벵골 지역을 덮친 대기근을 직접 경험하고 큰 충격을 받은 그는 평생 빈곤과 불평등에 대해 연구했다.

● 1998년 아시아인으로는 최초로 노벨 경제학상을 받은 아마르티아 센

1999년 그는 《자유로서의 발전*Development As Freedom*》이라는 책에서 빈곤을 단순히 배고픔과 결핍이 아닌 인간이 누려야

할 기본적인 자유와 권리가 박탈당한 상태라고 규정했다. 또한 경제 발전은 시민이 누려야 할 자유를 확대하고 민주주의를 완성하는 것을 궁극적인 목표로 삼아야 한다고 역설해 많은 독자에게 깊은 감명을 주었다. 그렇다면 최초로 노벨상을 받은 인도 사람은 누구일까?

전 분야에 걸쳐 노벨상을 받은 인물들

1913년 노벨 문학상을 수상한 인도 문학의 거장 라빈드라나트 타고르는 인도인은 물론 아시아인 최초로 노벨상을 받은 인물이다. 저명한 힌두교 종교철학자였던 데벤드라나트 타고르*Debendranāth Tagore*의 아들로

● 1913년 노벨 문학상을 받은 라빈드라나트 타고르

태어나 영국에 유학했던 그는 잠시 법학을 전공하기도 했으나 결국 시인의 길로 들어섰다.

라빈드라나트 타고르가 지은 《기탄잘리*Song Offerings*》(신에게 바치는 노래)는 원래 그의 모국어였던 벵골어로 출간되었다가 영어로 번역되

어 서양에 알려졌다. 영문판 출간 당시 영국의 유명 시인 윌리엄 버틀러 예이츠*William Butler Yeats*가 그의 시에 크게 감명받아 서문을 써주면서 라빈드라나트 타고르는 순식간에 유명 시인의 대열에 합류했다.

인도 국가인 〈Jana Gana Mana〉를 작사한 사람도 라빈드라나트 타고르이며, 간디에게 '마하트마'라는 별명을 지어준 것도 그였다. 그는 85년 후에 자신의 뒤를 이어 노벨상을 받게 되는 아마르티아 센과도 인연이 있다. 아마르티아 센의 할머니는 유명한 산스크리트어 학자이자 라빈드라나트 타고르의 제자였는데 태어난 지 얼마 안 된 자신의 손자 이름을 지어달라고 그에게 부탁했고 그는 '불멸'이라는 뜻의 벵골어인 '아마르티아'라는 단어를 추천한 것이다.[17]

한편 라빈드라나트 타고르가 노벨 문학상을 받은 지 17년이 지난 1930년 인도의 물리학자인 찬드라세카라 라만*Chandrasekhara Venkata Raman*이 노벨 물리학상을 수상했다. 그는 빛의 파장을 변화시키는 산란 현상을 발견하고 '라만 효과'라고 명명했는데 이는 이후 과학은 물론 의학 분야에서도 폭넓게 활용되었다.

2014년에는 아동 노동과 아동 성매매 반대 운동을 꾸준히 벌여온 카일라시 사티야티*Kailash Satyarthi*가 노벨 평화상을 받았다. 그는 100개국 이상을 방문해 8만 킬로미터가 넘는 거리를 직접 걸으면서 아동과 청소년을 대상으로 한 노동 착취와 성 착취에 반대하자고 호소했다. 그 결과 세계노동기구는 아동에 대한 노동 착취와 아동 매매에 반대하는 헌장을 채택하기에 이르렀다. 하지만 카일라시 사티야티의 공동 수상자였던 말랄라 유사프자이*Malala Yousafzai*가 역대 최연소로 노벨상을 받으면서 모든 언론의 관심은 말랄라 유사프자이에게만 쏠려 카일라시 사티야티는 크게 주목받지 못했다.

외국에서 인도로 이주해 노벨상을 받은 인물들

● 노벨 평화상 수상자인 테레사 수녀

라빈드라나트 타고르, 찬드라세카라 라만, 아마르티아 센, 카일라시 사티야티처럼 인도에서 태어난 이들이 노벨상을 받은 경우도 있고 아비지트 바네르지처럼 해외로 이주해 다른 나라 국적을 취득한 후 노벨상을 받은 경우도 있지만 외국에서 태어난 사람이 인도에서 오래 거주하다가 노벨상을 받은 경우도 두 차례나 있다. 그리고 이 두 사람은 우연찮게 모두 노벨 평화상을 수상했다.

우선 1979년 노벨 평화상을 수상한 테레사 수녀*Mother Teresa*

가 있다. 1910년 현재 북마케도니아 수도인 스코페에 거주하던 알바니아 가정에 태어난 그녀는 1차 세계 대전의 혼란 속에서 정치인이었던 아버지가 반대파에게 피살되는 비극을 겪었다. 그녀는 18세의 나이에 수녀가 되었고 얼마 되지 않아 인도 캘커타로 이주한 후 가난한 사람들을 위해 자신을 헌신하기로 결심했다. 150센티미터에 불과한 작은 키에 가진 거라고는 묵주 하나에 불과했지만 그녀가 남긴 유산은 매우 컸다. 87세의 나이로 선종할 때까지 수만 명의 가난하고 병든 사람을 직접 돌보았으며 빈곤층을 돕기 위한 600여 개의 자선 단체 설립에 직간접적으로 관여했다. 노벨 평화상을 수상한 당시 자신의 축하연에 쓰일 돈을 가난한 사람들을 위해 써달라고 요청한 일화 또한 유명하다.

그로부터 10년 후 제14대 달라이 라마*Dalai Lama*가 노벨 평화상을 받았다. 그는 중국 정부의 박해를 피해 인도에 정착한 티베트 망명 정부를 이끄는 정치 지도자이자 티베트 불교의 수장이다. 노벨상 위원회는 그가 상호 존중과 관용에 입각해 티베트인들의 역사와 문화적 유산을 보전할 수 있는 평화적 수단을 옹호해온 점을 높이 평가해 노벨 평화상을 수상한

● 제14대 달라이 라마가 2022년 9월에 열린 법회에 참석했다.

다고 발표했다. 1959년부터 북인도의 다람살라 지역에 정착한 티베트인들을 보호하고 간접적으로 지원하던 인도 입장에서도 자랑스럽고 뿌듯한 순간이었다.

고등 교육에 대한 투자가 제자리에 머물면서 인도는 기초과학 분야에서 오랫동안 노벨상 수상자를 내지 못하고 있다. 하지만 아시아인 최초의 노벨상 수상자(라빈드라나트 타고르)는 물론 아시아인 최초로 과학 분야에서 노벨상을 받은 사람(찬드라세카라 라만) 그리고 아시아인 최초로 노벨 경제학상을 받은 사람(아마르티아 센) 모두 인도 출신이다.

인도를 떠나 미국이나 영국에 정착한 인도계 후손들도 꾸준하게 노벨상을 수상하면서 이래저래 노벨상과 관련 있는 인도 사람 및 인도계 후손이 11명까지 늘어났다. 앞으로 인도의 국력이 커가면서 노벨상 수상자 또한 어떻게 변모할지 관심 있게 지켜볼 만한 일이다.

인도의 미래, IT 산업

　유니콘은 머리에 뿔이 달린 백마로 상상 속의 동물이다. 하지만 산업계에서는 창업한 지 10년이 되지 않은 젊은 기업이면서 기업 가치가 10억 달러(약 1조 2,000억 원)가 되는 스타트업 기업을 유니콘 기업이라고 부른다. 창업한 지 10년도 되지 않아 어마어마한 기업 가치를 만들어내는 극소수의 기업들은 그야말로 상상 속에서나 존재하는 희귀한 기업이라는 의미로 '유니콘'이라는 표현을 사용하고 있다.

　그렇다면 전 세계에서 가장 활발하게 유니콘 기업이 창업되고 있는 나라는 어디일까? 세계에서 가장 크고 자유로운 시장 경제 체제를 갖춘 미국에서는 2010년 이후 860여 개의 유니콘 기업이 나타난 것으로 집계된다. 비상장 기업이었다가 주식

시장에 상장하면서 유니콘 기업을 졸업한 유명 기업으로는 구글, 페이스북(최근 회사명을 '메타'로 바꾸었음), 에어비앤비 등이 있다. 220여 개의 유니콘 기업을 보유한 중국이 그 뒤를 따르고 인도가 100개가 조금 넘는 기업으로 3위를 차지하고 있다.[18]

그렇다면 미국은 물론 중국과 인도에서 가장 많은 유니콘 기업이 탄생한 산업 분야는 어디일까? 단연코 IT 산업 분야이다. 금융과 첨단 IT 기술을 융합한 첨단 핀테크 기업을 포함해 다양한 IT 산업 분야에서 유니콘 기업이 탄생했다. 1인당 국민소득이 중국의 5분의 1 수준에 불과한 인도가 어떻게 우리나라(유니콘 기업 약 25개)보다 많은 세계 3위의 유니콘 기업을 보유하게 되었을까? 인도의 IT 산업은 어떠한 특징이 있는 걸까?

인도의 IT 산업이 발전한 주된 이유

인도가 IT 강국으로 자리 잡은 이유는 세 가지로 꼽아볼 수 있다.

첫째, 인도 정부의 높은 관심이다. 인도 시장이 본격적으로 개방된 것은 1990년대 이후인데 인도 정부는 이미 1980년대 중반부터 소프트웨어 개발을 전담하는 정부 조직을 세우고 IT 산업 발전을 위한 정책을 시행하고 있었다. 인도의 양대 IT 기업 중 하나인 인포시스*Infosys*가 1981년 창업되었는데 얼

마 되지 않아 IT 산업의 성
장성을 파악한 인도 정부가
발 빠르게 지원 조직을 만든
것이다. 이후 남인도의 벵갈
루루나 하이데라바드 지역
에서 다양한 IT 기업이 창업
되었다. 지금도 인도 정부가

● 인도의 IT 기업인 인포시스를 창업한 나
라야나 무르티

발표하는 주요 경제 정책에는 거의 예외 없이 IT 산업 관련 정
책들이 포함되어있다. 그만큼 인도 정부의 정책적 관심이 크
다는 이야기이다.

둘째, 인도 전역에 총 23개에 이르는 인도공과대학 이외에
수백여 개에 달하는 대학교에서 해마다 수만 명의 우수한 IT
인재가 배출되어 인도를 IT 강국으로 만드는 데 크게 기여했
다. 인도의 대학교는 예외적인 경우를 제외하고는 모든 강의
를 영어로 진행한다. 인도공과대학과 같은 공과대학도 예외가
아니다. 치열한 입시 경쟁을 뚫고 공과대학에 입학한 대학생
들은 뛰어난 전공 관련 지식뿐 아니라 유창한 영어 실력까지
갖추게 되면서 인도 IT 산업을 튼튼하게 떠받치는 인적 자원
으로 변모하고 있다.

셋째, 인도 정부의 적극적인 지원과 꾸준히 노동 시장에 진
입하는 우수한 인적 자원을 활용해 많은 기업이 IT 산업에 뛰
어들어 빠른 속도의 성장을 구가하기 시작했다. 인포시스는 이

제 전 세계에서 33만 명을 고용하고 매년 160억 달러(약 19조 원)의 매출을 기록하는 거대 기업으로 성장했다.

이외에도 1945년 식용유 회사로 창업한 위프로*Wipro*는 1980년대를 거치면서 주력 업종을 IT로 바꿔 현재 종업원 23만 명이 매년 100억 달러(12조 원)의 매출을 기록하는 인도 IT 산업의 대표 기업이 되었다. 인도의 대표적인 재벌 기업인 타타그룹의 계열사인 타타컨설턴시의 경우 60만 명의 종업원이 250억 달러(30조 원)의 매출을 올리고 있다.

● 위프로의 명예 회장인 아짐 프렘지(Azim Hashim Premji)

이들 인도 최고의 3대 IT 기업이 직접 고용한 인원만 100만 명가량이며 이들과 협력 관계에 있는 기타 IT업체의 고용 인력까지 합치면 약 500만 명이 인도의 IT 산업에 종사하고 있다.

인도의 IT 산업이 발달한 또 한 가지 재미있는 이유도 있다. 인도는 국토의 정중앙에 동경 80도선이 지나고 있는데 지구의 정반대편에는 바로 세계 제일의 IT 강국인 미국이 자리 잡고 있다. 미국이 오후 6시가 되면 인도는 오전 6시가 된다는 말이다. 미국 실리콘밸리에 자리 잡고 있는 기업에서 하루 종일 진행하던 프로젝트를 퇴근 시간에 인도로 전송하면 인도에서는 곧바로 이를 이어받아 작업을 시작한다. 한마디로 인도는 쉬지 않고 코딩을 하고 시스템을 관리할 수 있는 천혜의 지리적 조건을 갖추고 있다.

인도 IT 산업의 미래

인도의 IT 산업이 눈부신 성장을 이룬 것은 사실이지만 인도 IT 산업을 비판적으로 보는 견해도 존재한다.

인도 IT 산업은 독창적인 기술이나 비즈니스 모델을 만들기보다 미국을 포함한 선진국에서 이미 개발한 기술이나 모델을 기반으로 일종의 'IT 하청'을 맡아서 하는 산업 구조이다. 인도 IT 산업이 인도 '서비스 수출'의 절반 정도를 차지할 정도로 수출지향적 성격을 갖고 있지만 수익 구조를 살펴보면 글로벌 가치사슬*Global Value Chain*에서 인도는 값싼 현지 IT 노동력을 제공해 미미한 수익을 얻는 데 반해 선진국은 훨씬 더 큰 이익을 얻고 있다.

물론 2000년대 들어오면서 창업에 성공함은 물론 유니콘 기업으로까지 등극한 IT 기업의 사례가 속속 등장하고 있지만 이들은 대개 선진국에서 성공한 비즈니스 모델을 들여와 사업을 일으킨 경우가 대부분이다.* 게다가 몇몇 유니콘 기업은 창업 이후 몇 년이 지났는데도 아직도 엄청난 적자를 보고 있어 과연 이들의 장기적인 사업 진망이 밝은지에 대한 의문이 계속되고 있다.

14억 명에 달하는 엄청난 인구 대국에서 직접 고용 인구가 불과 500만 명 수준인 IT 산업이 인도 전체 경제의 성장과 발전에 얼마나 많은 영향을 미칠 수 있을지도 의심스럽다. 우리나라와 중국 등의 나라가 빈곤에서 탈출할 수 있었던 이유는 비숙련 노동자를 많이 고용할 수 있는 경공업을 중점적으로 육성해 이 산업에 종사하는 두터운 중산층을 육성했기 때문이다. 이들이 결국 추가적인 투자와 소비를 이끌면서 경제 전체가 발전한 것이다.

제조업 기반이 매우 취약한 인도에서 제조업에 대한 투자와 육성 없이 3차 산업인 IT 산업을 육성했을 때 과연 얼마나 많은 노동자를 추가로 고용할 수 있을지 그리고 이들이 추가적인 투자와 소비를 얼마나 유발할 수 있을지에 대해서 의구심을 가질 수밖에 없다.

---

* 미국의 아마존과 유사한 플립카트(Flipkart)나 빅바스켓(Big Basket)과 같은 온라인 마켓, 미국의 페이팔이나 우리나라의 카카오페이와 유사한 페이티엠(paytm) 등이 있다.

함께 생각하고 토론하기

인도의 카스트 제도는 수천 년간 이어져 내려온 신분 제도입니다. 대도시에서는 상당 부분 사라졌으나 아직도 시골에서는 아직도 막강한 영향력을 행사하면서 인도 사람들의 생활을 지배하고 있습니다. 많은 사회학자가 인도의 발전을 저해하는 가장 큰 걸림돌로 카스트 제도에 근거한 차별을 꼽고 있습니다.

● 인도의 카스트 제도와 비슷한 불합리하고 차별적인 전통이나 관습이 우리나라에도 있는지 조사해봅시다.

영국의 경제학자인 앵거스 매디슨*Angus Maddison*이 2003년과 2007년에 발표한 연구 자료[19]에 의하면 인도는 18세기까지 중국과 더불어 전 세계에서 가장 큰 경제 대국이었습니다. 하지만 영국의 식민 지배를 받으면서 전 세계의 25퍼센트가량을 차지했던 인도의 경제는 급격히 비중이 축소되어 1947년 독립 직후에는 전 세계의 4퍼센트가량을 차지하는 수준으로 추락했습니다.

● 현재 인도의 빈곤한 경제 상황, 인도와 파키스탄의 분리 독립 등 다양한 정치·경제적 사건의 가장 큰 원인이 오랜 기간 지속된 영국의 수탈 때문이라는 의견이 계속해서 제시되고 있습니다. 한편 일본과 한국, 대만과 중국 등 비슷한 시기에 2차 세계 대전과 식민지 경험을 겪은 나라들이 빠르게 성장하는 동안 인도 경제가 사실상

제자리걸음을 한 것은 인도 정부의 부정부패와 무능 때문이라는 의견도 제시되고 있습니다. 이에 대해 입장을 나누어 토론해봅시다.

2013년 유명 경제학자인 장 드레즈 *Jean Dreaze* 교수와 노벨 경제학상 수상자인 아마르티아 센 교수는 공저한 《불확실한 영광: 인도와 그 모순들 *An Uncertain Glory: India and its Contradictions*》에서 "전 세계에서 차별과 불평등이 존재하지 않는 곳은 없지만 인도만큼 '심각한 수준의 차별과 불평등의 칵테일'을 가진 독특한 나라도 찾기 힘들다."라고 진단했습니다.[20] 이들은 "인도의 빈곤은 크게 '카스트 계급 간, 경제 계층 간, 남녀 성별 간'의 차별이 만들어내는 안타까운 합주곡"이라고 진단했습니다. 한편 최근 인도 출신 유명 경제학자인 아쇼카 모디 *Ashoka Mody* 도 2023년에 발간된 《인도는 고장났다 *India Is Broken*》라는 책에서 독립 이후 주요 지도자들이 인도 경제 발전을 위해 공중보건, 교육, 도시개발, 환경보호 등에 중장기적인 투자를 하는 대신 눈앞에 보이는 단기적인 정책에만 집중하면서 경제 발전의 기회를 놓쳐왔다고 지적하고 있습니다.

● 경제가 발전하기 위해 가장 필요한 것이 무엇이라고 생각하나요? 우리나라의 경우 매우 빠른 경제 성장을 이루었는데 이러한 성장을 가능하게 한 배경이 무엇인지 토론해봅시다.

3부

역사로 보는
인도

오래전 운명은
우리에게 비밀스러운 약속을 해주었고,
이제 우리가 그 약속을 실현할 때가 왔습니다.

– 자와할랄 네루

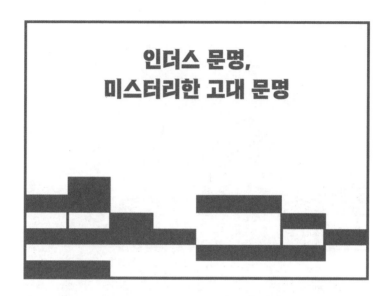

인더스 문명, 미스터리한 고대 문명

땅속에서 발견된 고대의 벽돌

1856년 지금의 파키스탄 땅인 물탄과 라호르를 잇는 철도 건설 현장에서 일하던 영국인 기술자 윌리엄 브룬턴*William Brunton*은 공사 현장에서 아주 흥미로운 광경을 보게 되었다. 공사 현장 근처에 사는 인도 주민들이 땅속에서 무언가를 열심히 캐내서 자신들의 집을 짓는 데 사용하는 모습이었다.

이들이 땅속에서 캐낸 것을 자세히 살펴본 윌리엄 브룬턴은 적지 않게 놀랐다. 그들이 캐낸 것은 일정한 규격으로 만들어진 벽돌이었는데 그 크기가 일정할 뿐만 아니라 화로에서 구워져 매우 견고했으며 그 양 또한 엄청났던 것이다.

● 모헨조다로 유적지

식민지의 시골 동네에서 발견된 이 엄청난 벽돌 더미에 대한 소문은 영국 본토로 전해졌고 당시 유명 고고학자였던 알렉산더 커닝햄*Alexander Cunningham*이 1873년 이 지역을 최초로 조사했다. 알렉산더 커닝햄은 이 유적지가 기원전 320년 즈음 인도 북서부를 침입했던 알렉산더 대왕*Alexander the Great*이 후퇴하면서 남겨놓은 정착지 중 하나일 것이라고 추정했다. 이 지역에 살던 사람들이 수천 년 전에 이렇게 정교하고 넓은 지역에 문명을 일구었을 것이라고는 미처 생각하지 못한 것이다. 그렇게 알렉산더 커닝햄은 그 작은 마을을 떠났다. 그 마을의 이름은 '하라파'였다.

약 50년이 지난 1923년 영국 고고학자 존 마셜 경*Sir John Marshall*은 하라파에서 발견된 유적들과 수백 킬로미터 남서쪽에 떨어진 작은 도시에서 발견된 각종 유적들이 놀라울 정도로 유사하다는 것을 발견했다. 그 도시의 이름은 '모헨조다로('죽은 자들의 무덤'이라는 뜻)'였다. 이후 동쪽으로는 인도의 야무나 강변, 서쪽으로는 아프가니스탄에 이르는 250여 개의 크고 작은 유적지에서 유사한 유적들이 발견되었다. 이제서야 고고학자들은 기원전 3300년에서 기원전 1300년까지 약 2,000년간 융성했던 세계에서 가장 큰 고대 문명을 발견했다는 것을 깨달았다.

인더스 문명이 중요한 이유

우리는 흔히 세계 4대 고대 문명으로 황하 문명, 이집트 문명, 메소포타미아 문명, 인더스 문명을 꼽는다.[*] 인더스 문명

---

[*] 세계 4대 문명이라는 개념은 청나라 말기 변법자강운동에 참여한 사상가인 량치차

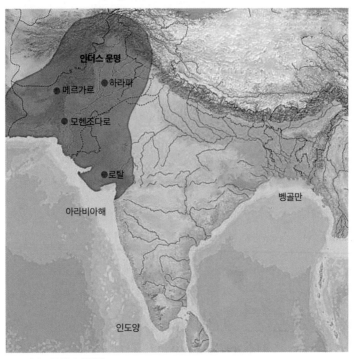

● 인더스 문명의 세력권

은 어떤 면에서 중요한 것일까? 존 마셜 경이 1920년대 하라파
와 모헨조다로를 본격적으로 조사하기 전까지 알렉산더 대왕
이 인도 북서부를 침입하기 이전의 인도에는 제대로 된 문명이
존재하지 않았다는 생각이 대부분이었다. 하지만 이 지역에 대

오(梁啓超)가 처음으로 언급한 개념으로 주로 중국, 일본 등 동아시아에서 사용되는 개
념이다. 반면, 서양에서는 '문명의 요람(Cradle of Civilization)'이라는 개념을 사용하며
이집트 문명은 물론 남아메리카에서 번성했던 안데스 문명까지 함께 포괄한다.

● 현대의 고고학계는 인더스 문명 유적지에서 발굴된 다양한 인장의 의미를 아직도 해석하지 못하고 있다.

한 발굴 조사가 완료되면서 당초 알려진 것보다 최소 수천 년 이전부터 발달된 고대 문명이 존재하고 있다는 사실이 밝혀졌다. 이 문명은 일정한 규모로 구획된 도시 문명이었으며 공중 목욕탕, 공용 건물 그리고 발달된 형태의 하수도 시스템도 갖추었다. 다른 고대 문명과 마찬가지로 농업에 기반했으나 한 편으로는 메소포타미아 문명과도 교역을 한 것으로 보여진다.

이 문명은 기원전 2500년 즈음 전성기에 도달한 것으로 추정되는데 이는 이집트에서 기자 피라미드가 완성된 시기였고 영국에서는 스톤헨지가 만들어지기 최소 100년 전이었다. 이 당시 인더스 문명이 발달했던 지역은 수백만 제곱킬로미터의 면적으로 이집트 문명과 메소포타미아 문명의 면적을 합친 것보다 넓다.

이집트 문명의 비밀을 열어준 로제타스톤과 같은 기록물이 발견되지 않은 터라 아직까지는 인더스 문명에 관해 정확히 알 수 없는 것은 사실이다. 실제로 인더스 문명은 4대 문명 중에서 유일하게 문자가 해독되지 않은 문명이다. 하지만 고고학자들은 다른 문명과 비교해 매우 특이한 점을 몇 가지 발견했다.

첫째, 지금까지 발굴된 어떠한 건물도 사원과 같은 종교적 건물의 형태를 보이지 않는다는 것이다.

둘째, 성채와 같은 군사적 목적의 구조물도 소수만 발견되었을 뿐만 아니라 칼이나 창과 같은 무기도 거의 발견되지 않았다.

셋째, 피라미드와 같은 거대한 무덤이 발견되지 않았고 왕족이 거주할 만한 크고 화려한 왕궁도 발견되지 않았다.

이는 무엇을 의미할까? 가장 쉽게 생각할 수 있는 것은 문자 그대로 이러한 형태의 유적들이 과거에 존재하기는 했지만 세월의 무게를 견디지 못하고 모두 사라져 현대의 고고학자들이 발견하지 못했을 가능성이다.

하지만 또 다른 가능성도 제기된다. 아예 처음부터 이 문명에는 종교가 큰 힘을 발휘하지 못했고 평화를 사랑하는 시민들이 평등한 사회를 구성해 번성해왔을 가능성이다. 이집트 문명과 황하 문명 등이 종교적이고 중앙집권적인 권력관계를 기반으로 한 것과는 달리 인더스 문명은 종교적 특색과 중앙

집권적 정치권력이 존재하지 않는 문명이었을 가능성이 크다는 말이다.

멸망의 원인도 미스터리

기원전 1300년 즈음 인더스 문명은 확실히 쇠퇴했는데 그 이유 또한 명확하게 밝혀지지 않았다. 과거에는 기원전 2000년에서 기원전 1500년을 전후해 중앙아시아 지역에서 인도로 이주한 아리아인들이 이 문명을 '멸망시켰다'라는 의견이 지배적이었다. 이 이론은 피부색이 희고 체구가 큰 아리아인이 상위 카스트를 차지하고 있는 브라만 계급의 선조라는 믿음과 연결되어 있다. 결국 아리아인들이 피부색이 짙고 체구가 작은 드라비다인을 지배하는 것이 정당하다는 인종 차별적 논리로까지 발전했다.

하지만 현대의 고고학 연구자들은 아리아인들이 인더스 문명을 일시에 멸망시킨 것이 아니라 수백 년에 걸쳐 서서히 이주해 와서 원주민들과 동화되었다는 데 동의한다. 정복이나 멸망을 증명할 만한 대규모 전쟁이나 매장의 흔적이 발견되지 않았기 때문이다. 또한 기원전 1900년 무렵 전 세계적으로 찾아온 건조한 기후가 수백 년간 지속되면서 인더스 문명, 황하 문명, 메소포타미아 문명 등 주요 문명의 쇠퇴를 앞당겼다는 가

설이 점점 더 설득력을 얻고 있다.

　다른 문명에 비해서 알려진 것이 적은 인더스 문명은 그 멸망의 원인과 과정 또한 제대로 규명되지 않았다. 하지만 한 가지는 확실하다. 인도에서도 고대 그리스나 고대 로마와 비슷한 시기에 매우 발달된 형태의 도시 문명이 자리 잡고 있었다는 사실이다. 그리고 이 문명은 이집트 문명과 메소포타미아 문명을 합친 것만큼이나 넓은 영토를 거의 2,000년 동안 유지했으며 현대를 살아가고 있는 인도 사람들은 직간접적으로 이들에게서 파생된 후손이라는 사실이다.

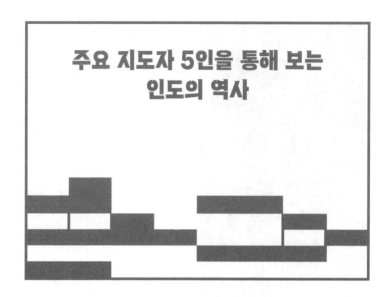

주요 지도자 5인을 통해 보는
인도의 역사

인도 최초의 통일 군주, 아쇼카왕

5,000년이나 되는 길고 긴 인도 역사를 이야기할 때 가장 먼저 언급해야 할 지도자를 꼽자면 단연코 아쇼카왕*Aśoka*이다. 그는 기원전 약 322년경 마우리아 왕조를 건국한 찬드라굽타 마우리아*Candragupta-Maurya*의 손자이다. 태어나고 죽은 기간은 물론 왕으로 재위한 기간도 정확하진 않다. 그저 기원전 270년 무렵 왕위에 올라 기원전 230년 즈음 세상을 떠난 것으로 추정된다. 인도의 최남단을 제외한 인도 대륙 전체를 최초로 통일한 군주이면서 불교를 적극 후원해 불교가 세계적인 종교로 성장하는 데 결정적인 기여를 했다.

● 아쇼카의 사자상

인도의 많은 사람들이 그를 인도 최고의 군주로 꼽을 만큼 아쇼카왕의 일생은 여러 가지 면에서 매우 드라마틱하다. 그가 재위한 약 40년은 극명하게 두 개의 시기로 양분된다. 그는 즉위 후 수년간에 걸쳐 자신의 정적(政敵)은 물론 일가친척을 수백 명이나 제거해 왕권을 강화하고 무자비한 정복 전쟁에 나섰다. 하지만 전쟁의 참상에 회의를 느껴 결국 불교에 귀의한 것으로 전해진다. 이후 불교 이념을 통치 정책에 융합해 고아나 노인에 대한 복지 제도를 도입하고 인도는 물론 서남아시아 전역에 불교를 적극 포교했다. 한마디로 다혈질의 정복 군주에서 전형적인 성현(聖賢)으로 거듭난 인물이다.

왕국의 존속 기간이 140여 년에 불과하고 지금으로부터 무려 2,000년 전에 사라졌지만 마우리아 왕조는 인도의 '얼굴'이 되었다. 우선 인도를 상징하는 '아쇼카의 사자상'은 동서남북 네 방향을 바라보는 네 마리의 사자가 윤회를 상징하는 수레바퀴chakra(차크라) 위에 올라서 있는 모습인데 1950년 국장으로 채택되어 지금까지 사용되고 있다. 그리고 '아쇼카 차크라'라고 불리는 유명한 수레바퀴는 1947년에 채택된 인도 국기의 정중앙에 위치해 있다. 옛 왕조는 사라졌지만 그 상징은 영원불멸의 생명을 얻은 것이다.

악바르 대제와 아우랑제브 황제

마우리아 왕조 이후 쿠샨 왕조와 굽타 왕조가 연이어 북인도를 지배했으나 굽타 왕조 멸망 이후에는 여러 군소 왕국이 인도 대륙을 분할해 통치했다. 한편 인도 북서부에 전해진 이슬람교는 이후 꾸준히 인도 대륙 내에서 세력을 넓혀 나갔고 여러 이

● 악바르 대제

슬람 왕조가 흥망성쇠와 정복을 거친 끝에 1526년 무굴 제국이 세워졌다. 그리고 무굴 제국의 3대 황제인 악바르*Akbar* 대제●는 마우리아 왕조의 아쇼카왕에 필적할 만한 뛰어난 군주로 인도

● 악바르는 아랍어로 '위대한'이라는 뜻이다.

● 아우랑제브 황제

의 역사에 남았다.

우선 1556년부터 1605년까지 무려 49년 동안 무굴 제국을 통치한 그는 자신의 즉위 이전과 비교해 영토를 세 배로 확장했다. 악바르 대제는 새롭게 정복한 영토의 서쪽 끝인 현재의 아프가니스탄까지 도로망을 정비하고 새로운 조세 제도 도입과 통일된 화폐를 발행하는 등 무굴 제국을 거대한 단일 경제권으로 묶는 데 성공했다. 종교적으로는 힌두교도나 시크교도에게 포용적인 태도를 취함으로써 사회 통합에도 적극 나섰다.

악바르 대제가 사망하고 약 50년 후에 즉위한 아우랑제브 *Aurangzeb* 황제는 여러 가지 면에서 악바르 대제와 달랐다. 신실한 무슬림이었던 그는 무굴 제국을 명실상부한 이슬람 왕국으로 변모시키는 데 평생을 바쳤다. 남인도의 일부 지역을 제외하고는 서쪽으로는 아프가니스탄과 파키스탄, 동쪽으로는 방글라데시에 이르기까지 서남아시아 대부분을 점령하면서 현재의 인도보다 넓은 영토를 차지했다.

하지만 악바르 대제의 포용적 종교 정책과 달리 아우랑제브 황제는 강압적인 종교 정책을 펼쳤다. 이에 대한 토착 세력의 반발도 만만치 않아 결국 아우랑제브 황제는 죽을 때까지 반란군과의 전쟁에 매달려야 했다.

자와할랄 네루와 나렌드라 모디

인도 현대사에서 가장 특징적인 두 명의 정치 지도자 이야기를 해보자. 바로 인도의 초대 총리인 자와할랄 네루와 2014년부터 2023년 현재까지 인도의 총리를 맡고 있는 나렌드라 모디이다.

1889년 부유한 브라만 집안에서 태어난 자와할랄 네루는 180센티미터에 달하는 훤칠한 키와 준수한 외모, 뛰어난 머리까지 갖춘 그야말로 엄친아 중의 엄친아였다. 영국의 명문 해로우스쿨과 케임브리지대학을 졸업하고 변호사 자격까지 갖추었으니 더 이상의 설명은 생략해도 될 것이다.

마하트마 간디와 함께 인도의 독립 투쟁을 이끈 후 1947년 독립한 인도의 초대 총리로 취임해 무려 16년을 재임했다. 그

● 인도의 초대 총리인 자와할랄 네루

가 사망한 지 몇 년 되지 않아 그의 딸인 인디라 간디가 총리에 취임했으니 두 번에 걸쳐 약 16년간 총리로 재임했다. 그녀의 아들인 라지브 간디*Rajiv Gandhi* 역시 1984년부터 약 5년간 총리를 역임했으니 외할아버지, 어머니, 손자로 이어지는 3대가 현대 인도를 사실상 좌지우지

했다고 봐도 되겠다.

거의 40년에 가까운 기간 동안 사실상 한 가문이 세계에서 가장 인구가 많은 국가를 이끌어왔으니 이 가문에 대해 평가가 엇갈리는 것은 당연한 일이다. 수백 년간 식민지로 살아왔던 인도를 독립국으로 이끌어 제3세계의 리더로 자리매김했다는 긍정적인 평가와 사회주의경제 체제에 대한 고집스러운 집착과 만연한 부정부패로 독립 이후 30년 동안 인도가 제자리걸음을 하게 만든 장본인들이라는 평가가 엇갈린다.

2014년 인도 총리에 취임한 후 2019년 재선에 성공한 나렌드라 모디는 여러 가지 면에서 자와할랄 네루와 대척점에 서 있는 인물이다. 우선 인도 역대 총리 중 최초로 독립 이후에 태어났으며 외국 유학은커녕 어학 연수 한 번 제대로 나가본

적이 없는 인물이다. 자와할
랄 네루를 포함한 인도국민
회의 출신 정치인 대부분이
높은 카스트의 부유한 집안
에서 태어나 끼니 걱정할 필
요 없이 무난한 인생을 살아
온 반면, 나렌드라 모디는 가
난하고 낮은 카스트 집안에
서 태어나 어린 시절 기차역

● 현재 인도 총리인 나렌드라 모디

에서 인도식 차인 짜이를 팔며 생계를 유지했다.

　국유화와 계획경제를 기반으로 인도를 이끌었던 네루-간디
가문과는 달리 나렌드라 모디는 자유시장경제 체제를 도입하
고 대기업에게 거리낌 없이 특혜를 제공해주는 친기업적 행보
를 보였다. 타 종교에 비교적 관용적인 태도를 견지해온 인도국
민회의와는 달리 2023년 현 집권 여당인 인도인민당은 힌두근
본주의적 정치 이념을 내세우면서 이슬람교를 포함한 타 종교
와 다소 불편한 관계를 유지하고 있다.

　자와할랄 네루와 나렌드라 모디로 대표되는 두 세력 간의
세대 교체는 인도가 겪어온 정치적 변화를 상징적으로 보여준
다. 영어에 익숙하고 서구식 사고방식에 길들여져 있으며 높
은 카스트 계급에 속하고 지주 계층을 포함한 전통적인 부자
들에게 지지를 받던 인도국민회의와 같은 과거의 정치 세력이

서서히 물러나고, 영어보다는 힌디어와 같은 현지 언어에 익숙하고 힌두교의 행동 방식을 따르며 기업인과 소농(小農)을 정치적 기반으로 다양한 가스드에서 배출된 정치인들이 힌누근본주의의 깃발 아래 인도인민당으로 모여 2014년부터 2023년 현재까지 인도를 이끌고 있다.* 하지만 나렌드라 모디가 집권한 이후 힌두교 이외의 종교와 껄끄러운 관계가 계속되자 인도 국내는 물론 해외에서도 우려의 목소리가 높아지고 있다.

---

* 네루-간디 가문으로 대표되는 과거의 파워 엘리트 세력이 물러나고 나렌드라 모디로 대표되는 세력으로 교체되는 과정을 자세하게 설명한 자료로는 산자야 바루(Sanjaya Baru)가 쓴 《India's Power Elite: Class, Caste and a Cultural Revolution》가 있다.

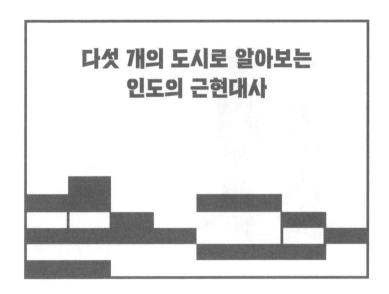

**다섯 개의 도시로 알아보는
인도의 근현대사**

근대 인도가 시작된 곳, 콜카타

1857년 1월 그렇지 않아도 열악한 대우로 동인도회사에 대한 불만이 많았던 캘커타(2001년 콜카타로 이름 변경) 주둔 세포이 병사들을 분노하게 만든 사건이 발생했다. 새롭게 지급된 머스켓 소총용 화약 종이에 소와 돼지의 기름이 발라져 있었던 것이다.

세포이는 '용병'이라는 뜻의 페르시아어로 1757년 플라시 전투에서 프랑스를 물리쳐 인도를 독차지한 영국의 동인도회사가 고용한 인도인 병사들을 일컫는 말이다. 화약이 물에 젖는 것을 막기 위한 조치였지만 소를 신성시하는 힌두교도

● 동인도회사에 고용된 세포이 병사

에게도, 돼지를 불결하게 여기는 이슬람교도에게도 새로운 화약 종이는 용납할 수 없는 물건이었다. 결국 1857년 3월 말 불만에 가득 찬 세포이 병사들이 영국군 병사들을 공격하면서 무력 충돌이 일어났다.

우리나라를 포함해 대부분의 나라는 이 사건을 '세포이 항쟁' 또는 '세포이의 반란'이라고 부르지만 인도 사람들은 '1857년 독립전쟁'이라고 부른다. 1600년대 초반부터 시작된 영국인들의 인도 진출로부터 거의 250년 정도 지속된 영국의 식민 지배에 최초의 조직적 무력 투쟁을 한 것이라서 인도 사람들에게 이 사건은 자랑스러울 수밖에 없다.

세포이 항쟁은 인도 전역에서 벌어졌지만 최초 발단은 영국의 식민 수도 역할을 하던 캘커타였다는 점에 주목할 필요가 있다. 인도 사람들은 식민 지배의 부당함을 자각하고 자신들을 위한 투쟁에 나선 세포이 항쟁을 '근대 인도의 시작점'이라고 본다. 그렇기에 캘커타는 근대 인도가 시작된 도시라고 해도 과언이 아니다.

과거의 인도에서 새로운 인도로, 뉴델리

1857년 5월 세포이 병사들은 큰 무력 충돌 없이 델리에 비교적 수월하게 들어왔다. 혁명의 구심점이 필요했던 그들은 쇠락한 무굴 제국의 황제인 바하두르 샤 자파르*Bahadur Shah Zafar*를 '인도의 황제'로 추대했다. 그러나 약 1년 2개월간 무력 충돌이 지속되면서 점차 영국군의 우세로 기울어졌고 결국 세포이 항쟁은 아쉬운 실패로 끝났다.

세포이 항쟁 이후 인도의 많은 것이 바뀌었다. 우선, 1526년부터 인도를 지배한 마지막 이슬람 왕조 무굴 제국이 공식적으로 막을 내렸다. 인도의 소유권은 동인도회사에서 영국 왕실로 이전되었고 그 결과 수천 킬로미터 떨어진 영국의 빅토리아 여왕*Queen Victoria*이 인도의 군주가 되었다. 영국은 반영(反英) 정서가 강해진 캘커타를 버리고 올드델리의 남쪽 지역에 '뉴델리'라는 이름의 신도시를 건설한 후 이곳을 인도 통치의 중심지로 활용하기 시작했다.

결국 무굴 제국으로 대표되는 '과거의 인도'는 올드델리에서 마지막 생명을 마쳤고 끝나지 않을 것만 같았던 영국의 식민 지배 역시 뉴델리로 수도를 옮긴 지 불과 수십 년 만에 막을 내리면서 1947년 인도는 독립을 쟁취했다. 그리고 보면 '과거의 인도'가 몰락하고 '새로운 인도'가 탄생한 뉴델리야말로 인도의 현대사를 대표하는 도시라고 해도 과언이 아니겠다. 이후 파키스탄과 인도가 분리 독립하면서 파키스탄에 거주하던 약 470만 명의 힌두교도와 시크교도가 인도로 이주했고 뉴델리는 한국전쟁 이후의 서울이 그러했듯 피난민들과 이주민들이 주축을 이루는 도시로 재탄생했다.

인도의 미래를 상징하는 도시, 벵갈루루

1947년 독립 이후 인도의 성장 속도는 느리기만 했다. 1964년까지 초대 총리를 역임한 자와할랄 네루는 사회주의 사상에 경도되어 거대한 신생 독립국인 인도를 국가 주도의 사회주의경제 체제로 이끌었고, 자와할랄 네루가 사망한 후 1984년까지 총리를 역임한 그의 딸 인디라 간디도 크게 다르지 않았다. 주요 산업에 대한 국유화, 외국 자본의 인도 진출 금지, 각종 인허가 제도를 통한 소비재 산업 통제 등 전형적인 사회주의경제 체제가 유지된 터라 빈곤 퇴치도 경제 발전도 모두 더디기만 했다.

그러자 인도의 학계와 산업계는 사회주의경제라는 좁은 우물에 갇힌 인도 경제를 성장 궤도에 올려놓기 위해 다각도의 노력을 기울였다. 그리고 이러한 노력은 1980년대 초반 뉴델리에서 멀리 떨어진 남인도의 벵갈루루 지역에서 작지만 소중한 결실을 맺기 시작했다.

● 카르나타카주의 주도인 벵갈루루는 인도의 실리콘밸리라고 불린다.

해발 고도 약 900미터에 위치한 벵갈루루는 인도 군수 산업의 중심지였다. 쾌적한 기후와 군수 산업에 종사하는 젊고 유능한 과학자들이 살고 있는 생활 환경은 그 당시 전 세계적으로 빠르게 성장하는 정보통신 산업 종사자들을 불러 모으기에 충분했다. '인도의 실리콘밸리'라고 불리는 벵갈루루가 본격적으로 그 모습을 갖추어나가기 시작한 것이다.

이 무렵 인도의 3대 정보통신업체 중 하나인 인포시스도 벵갈루루에 둥지를 틀었고 지금은 위프로를 포함한 다수의 다국적 IT 기업도 자리를 잡았다. 한마디로 벵갈루루는 명실공히 인도 경제의 미래를 상징하는 도시가 되었다.

인도 산업화의 참혹한 트라우마, 보팔

1984년 12월 3일 새벽, 인노 중부 마디아프라데시주의 주도인 보팔 시내에 죽음의 가스가 내려앉기 시작했다. 보팔에 소재한 농약 및 살충제 제조 회사인 유니온 카바이드의 생산 공장에서 맹독성 물질이 수십 톤 누출되어 곤히 잠들어있던 보팔 시민을 덮친 것이다.

사고 당일에만 3,000명 이상 사망했고 후유증으로 사망한 사람까지 합치면 최소 1만 6,000명에서 최대 2만 명에 이르는 것으로 추산된다. 공식적으로 기록된 부상자 수는 57만 명을 넘어선다. 인류 역사상 최악의 산업 재해가 발생했다.

● 보팔 사태 생존자들은 진상 규명과 피해 보상을 수십 년 동안 요구하고 있다.

보팔 가스 누출 사고는 이제 막 산업화의 길에 들어선 인도가 겪은 끔찍한 사고다. 이를 통해 다국적 기업의 무책임한 안전 관리, 인도 정부의 고질적인 무능력, 가난하고 힘없는 국민의 편에 서지 않는 인도 사법 권력의 민낯이 드러났다.

그렇지 않아도 인도 사람들은 수백 년에 달하는 무슬림과 제국주의 세력의 지배로 피해 의식에 시달려왔다. 그리고 외세를 이기는 방법은 '자립과 자조'뿐이라고 여기며 해외 자본에 대해서는 기본적으로 배타적 태도를 견지해왔다. 그런 인도 국민에게 보팔 가스 누출 사고는 잊을 수 없는 깊은 상처를 남겼고 이 상처는 지금도 치유 중이다.

금융과 테러의 도시, 뭄바이

다섯 개의 도시를 통해 알아보는 인도 현대사의 마지막 도시는 뭄바이이다. 뭄바이는 인도는 물론 서남아시아의 금융 중심지로 알려져 있지만 지난 수십 년간 크고 작은 테러에 시달린 도시이기도 하다. 2008년에는 인도의 카슈미르 지역 지배에 반대하는 과격 단체가 뭄바이에서 테러를 일으켜 무려 170여 명의 무고한 인명이 희생되기도 했다.

외국인에게 인도에서 가장 유명한 도시가 어디라고 생각하는지 물어보면 대부분 뭄바이라고 말한다. 실제로 뭄바이에는 외국인이 많이 거주하고 있고 수십 층짜리 고층 건물과 수십조 원 자산에 달하는 금융 기관 수십 개가 모여 있는 화려한 도시이다. 하지만 이런 나천무에서 불과 몇 킬로미터 떨어지지 않은 곳에 세계에서 가장 큰 빈민가인 다라비 슬럼이 형성되어 있다. 한마디로 뭄바이는 인도가 떠안고 있는 정치적, 경제적 모순이 모두 모여 있는 도시이다.

캘커타에서 시작된 근대 인도의 불꽃은 뉴델리에서 독립이라는 역사적 사건을 맞이하면서 크게 타오르기 시작했다. 독립 이후 약 수십 년간 부진을 거듭하던 인도의 경제 성장과 빈곤 퇴치는 산업화와 경제 자유화가 시작된 1990년대 이후에야 본격화되었다. 하지만 보팔 가스 누출 사고에서 보듯 경제 성장의 길이 항상 순탄하지만은 않았다.

뭄바이 사례에서 보듯 인도가 걸어가야 하는 앞길에는 복잡하고 다층적인 문제점들이 놓여 있는 것이 사실이다. 하지만 자신들의 손으로 인도의 실리콘밸리라고 불리는 벵갈루루를 창조했듯 인도 사람들은 이러한 문제들을 하나씩 개선하면서 미래를 향해 나아가고 있다.

역사가 담긴 인도의 국경일

서로 다른 문화, 서로 다른 국경일

전 세계에는 문화와 종교가 다르지만 비슷한 특성을 지닌 명절이 많다. 대표적으로 한국의 추석, 중국의 중추절, 일본의 오봉, 미국의 추수감사절, 러시아의 성 드미트리 토요일은 추수를 감사하는 명절이다. 모두 한 해의 농사를 마무리하고 가족과 추수의 기쁨을 함께하는 날이다.

하지만 종교와 문화적 영향으로 특정 국가나 특정 문화권에서만 지켜지는 휴일도 많은데 이러한 휴일을 들여다보면 그 국가나 문화권에 대해 제법 많은 것을 알 수 있다. 그렇다면 인종과 종교, 언어 등 사회 모든 면에서 '다양성의 끝판왕'이라고 할 수 있는 인도에서는 어떤 휴일과 어떤 국경일을 지키고 있을까?

28개 주와 8개 연방직할지에 공통적으로 적용되는 휴일부터 살펴보자. 중앙 정부에서 정해 인도의 모든 지역에서 지켜지는 휴일을 'Gazetted Holiday'라고 부르는데 2022년의 경우 16일이었다. 가제트 *Gazette*는 정부의 소식이 실리는 '관보(官報)'이다. 그러므로 가제트 휴일은 관보에서 정한 휴일, 즉 정부에서 정한 휴일이라는 의미이다. 이 중에서 나라 전체가 공식적으로 경축하는 국경일*National Holiday*은 공화국의 날*Republic Day*(1월 26일), 독립기념일*Independence Day*(8월 15일), 간디 탄생

● 공화국의 날 퍼레이드

일(10월 2일)분이다.

공화국의 날, 인도의 제헌절

공화국의 날은 1950년 1월 26일 인도의 최초 헌법이 공포된 날이
다. 우리나라의 제헌절인 셈이다. 이날에는 인도의 육해공군 수천 명
이 대통령궁에서 출발해 인디아게이트를 연결하는 라즈파트*Rajpath*('왕
의 길'이라는 뜻)를 행진하는 대규모 군사 퍼레이드가 열린다.

솔직히 제헌절에 군사 퍼레이드를 한다는 게 좀 생뚱맞기는 하다. 게
다가 탱크와 장갑차, 전투기까지 등장하는 나름 멋진 퍼레이드의 중간
에 낙타부대는 물론 오토바이 위에 10여 명이 꼬치에 꿰인 어묵처럼 대

롱대롱 매달려가는 모습도 빼먹지 않고 등장하니 외국인의 눈에는 우스꽝스러워 보이는 것도 사실이다.

하지만 이 행사는 제헌 헌법이 공포된 1950년부터 단 한 차례도 빼먹지 않고 실시된 유서 깊은 행사이다. 인도가 헌법을 채택한 독립 국가임을 전 세계에 선포한 날임과 동시에 독립 국가로서의 지위를 지킬 군사 능력도 갖추고 있다는 것을 대내외에 과시하는 행사이기에 인도 사람들과 정부가 갖는 자부심은 대단하다.

신생 독립국으로서 절대 잊을 수 없는 독립기념일

두 번째로 중요한 인도의 국경일은 단연코 독립기념일이다. 날짜는 우리나라 광복절과 같은 8월 15일이다. 다만 인도가 독립한 해는 우리나라보다 2년이 늦은 1947년이다. 인도 사람들에게 독립기념일을 상징하는 장소를 뽑으라고 하면 백이면 백 뉴델리 북동쪽에 위치한 레드포트를 선택한다. 왜 그럴까?

1857년 세포이 항쟁이 벵골 지역에서 최초로 점화되었고 이후 서쪽으로 전진해 델리에 이르렀다. 당시 무굴 제국의 황제로 레드포트에 거주하던 82세의 바하두르 샤 자파르는 반란군의 요청에 못 이겨 인도의 황제로 등극했고 세포이 항쟁의 구심점 역할을 했다. 하지만 얼마 지나지 않아 영국군에 의해 세포이 항쟁은 진압되었고 그렇게 인도 독립을 위한 최초의 무력 항쟁은 실패로 돌아가고 말았다. 이처럼 레드포트는 인도가 이루고자 했던 독립의 꿈이 담겨 있는 곳이다.

자와할랄 네루 입장에서는 1947년 독립기념일 기념식을 개최하고

● 2022년에 열린 제75주년 독립기념일 기념식

독립 국가의 초대 총리가 되어 처음으로 대중 연설을 할 만한 장소로 세포이 반란군의 뜨거운 피가 묻어있는 레드포트보다 더 완벽한 곳은 없었을 것이다.

이후 매년 독립기념일이 되면 레트포트에서 독립기념일 기념식이 열리고 인도 총리는 중요한 국가적 정책을 발표하곤 한다. 마치 우리나라가 광복절이나 개천절에 중요한 대북 정책을 발표하거나 정치적 슬로건을 공개하듯이 말이다.

제헌 헌법 공포일을 기념하는 공화국의 날이나 독립을 기념하는 독립기념일 모두 2차 세계 대전을 전후해 식민지 열강에게서 독립한 신생 독립국들이 공통적으로 기념하는 날이다. 그런 면에서 인도와 우리나라의 국경일은 상당히 유사하다.

인도의 국부 간디 탄생일

세 번째 국경일은 간디 탄생일이다. 간디를 빼고는 현대의 인도를 설명할 수 없으니 그의 탄생일인 10월 2일을 인도의 3대 국경일로 정한 것은 당연하다.

간디는 평생 금욕적인 삶을 살면서 음주에 대해 공개적인 비판을 멈추지 않았다. 그로 인해 인도 헌법 제47조에는 '정부는 금주를 위해서 노력해야 한다'는 조항이 담겼다. 권고 조항이기는 하나 한 나라의 헌법에 금주를 권하는 조항이 버젓이 있는 것이다. 간디의 금욕주의 정신은 헌법뿐 아니라 인도 달력에도 자취를 남겼다. 10월 2일은 이러한 간디의 금욕주의 정신을 기리는 날로, 술을 팔지 않는 '드라이 데이dry day'로 지정되어 지켜지고 있다.

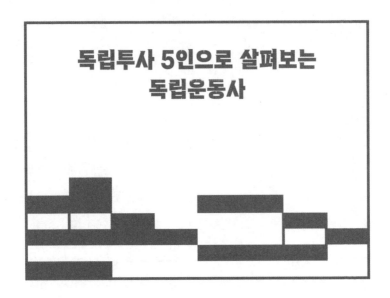

독립투사 5인으로 살펴보는 독립운동사

일본의 식민 지배를 당한 우리나라와 마찬가지로 인도에도 많은 독립 영웅이 있다. 자와할랄 네루 이외에 인도 독립에 기여한 영웅들을 만나보자.

마하트마 간디

인도를 이야기할 때 빼놓을 수 없는 사람은 단연코 마하트마 간디이다. 원래 이름은 모한다스 카람찬드 간디이며, 인도 서부의 구자라트주에 있는 포르반다르라는 지역에서 영향력 있는 정치인의 아들로 태어났다.

그는 풍족한 어린 시절을 보낸 후 영국으로 유학을 가서 변호사 자격을 취득했다. 1893년부터 약 21년간 남아프리카공화국에 거주했는데 그곳에서 힘겹게 생활하는 인도 사람들을 보고 큰 충격을 받았다. 이는 시민운동가로 거듭나는 계기가 되었다.

● 마하트마 간디

1915년 인도로 돌아온 그는 고국의 독립 운동에 본격적으로 나섰다. 폭압적인 식민 지배를 계속하는 영국에 대항해 비폭력 불복종 운동을 이끌며 인도 독립의 정신적인 기둥 역할을 했다. 힌두교도와 이슬람교도의 융합을 꾸준하게 호소했는데 그의 이러한 주장은 과격 힌두 근본주의자들의 미움을 샀고 결국 독립 1년 후인 1948년에 암살당했다. 인도 사람들은 그를 '국부*Father of Nation*'라고 부른다.

빔라오 암베드카르

빔라오 암베드카르*Bhimrao Ramji Ambedkar*는 인도 중부의 마디아프라데시주에 있는 불가촉천민의 집안에서 태어났다. 미국 컬

● 빔라오 암베드카르

럼비아대학과 영국 런던정경 대학에서 경제학으로 두 개의 박사 학위를 받았고 영국 변호사 자격증까지 취득한 경제학자이자 법학자이다.

그는 평생을 불가촉천민에 대한 편견과 차별에 싸우며 살았다. 독립 후 인도 초대 헌법을 제정하는 위원회의 위원장을 맡아 카스트 제도를 폐지하는 문안을 인도 헌법에 명문화했다. 이런 공로로 그는 '인도 헌법의 아버지'라고 불린다.

그는 힌두교가 가진 카스트 계급 차별이라는 모순에 대해 온건한 태도를 보였던 마하트마 간디를 비롯한 몇몇 정치인과 대립하기도 했다. 결국 1956년 약 50만 명에 달하는 불가촉천민과 함께 불교로 개종하면서 인도에서 거의 자취를 감추었던 불교를 새롭게 부흥시키는 데 큰 역할을 하기도 했다.

발라바이 파텔

인도의 독립을 이야기할 때 빼놓을 수 없는 세 번째 인물로 발라바이 파텔*Sardar Vallabhbhai Patel*을 꼽고자 한다. 구자라트주에서 태어나 마하트마 간디와 함께 비폭력 불복종 운동을 벌였으며 독립 이후에는 인도의 초대 내무부장관을 지냈다.

영국이 워낙에 넓은 땅을 지배했던 터라 1947년 영국이 인도를 떠난 후에도 인도는 통일된 국가가 아니었다. 인도 면적의 약 40퍼센트, 인구 기준으로는 약 네 명 중 한 명이 580여 개에 이르는 크고 작은 '번왕국'의 국민이었다.

유명한 번왕국으로는 잠무-카슈미르 왕국, 하이데라바드 왕국, 조드푸르 왕국, 마이소르 왕국 등이 있었는데 인구가 수백만 명에 이르렀다. 몇몇 왕국은 인구나 경제 규모가 워낙 커서 독자적인 화폐를 발행할 정도였다. 발라바이 파텔은 이 모든 왕국을 일일이 설득하고 때로는 정치적으로 압박해 신생 독립국 인도에 합병시키는 데 큰 역할을 했다.

힌두근본주의 세력에게는 현재의 인도를 건국하는 데 가장 크게 기여한 인물로 평가받고 있다. 실제로 2016년 나렌드라 모디는 발라바이 파텔을 가르켜 '인도의 아이언맨'이라는 별명을 붙이기도 했다. 2018년 인도 정부는 무려 4억 2,000만 달러(약

● 발라바이 파텔

5,000억 원)의 돈을 들여 높이 182미터나 되는 발라바이 파텔의 동상을 구자라트주에 세웠다.

수바스 찬드라 보스

● 수바스 찬드라 보스

영국에 대항한 인도의 독립운동이 오로지 비폭력 불복종 운동으로만 이루어졌다고 생각하면 안된다. 몇몇 독립운동가는 무력 독립 투쟁에도 나섰는데 그 중심에 수바스 찬드라 보스*Subhas Chandra Bose*가 있다.

인도 북동부의 영향력 있는 벵골 집안에서 태어난 그는 젊은 시절 캘커타 시장을 역임하고 인도국민회의의 총재를 지내는 등 정치 활동에도 몸담았으나 말년에는 주로 무장 독립 투쟁에 주력했다. 하지만 그가 이끌었던 인도국방군은 영국군에게 대항할 수준이 아니었다. 결국 영국을 몰아내야 한다는 일념에 파묻혀서 일본 제국주의 정부는 물론이고 심지어 나치 독일과도 협력하는 행태까지 보였다.

인도와 파키스탄의 분리 독립을 이야기할 때 빠질 수 없는 인물이 바로 무함마드 진나*Muhammad Ali Jinnah*이다. 그는 현재의 파키스탄 영토에 해당하는 카라치에서 부유한 이슬람 상인 집안의 아들로 태어났다.

● 무함마드 진나

젊어서는 인도국민회의와 뜻을 같이하여 인도 독립운동에 동참했으나 1920년대 무렵 힌두교 세력과 결별하고 이슬람교도만으로 이루어진 독자적인 독립 국가 건설을 주장하는 쪽으로 선회했다. 결국 1947년 이슬람교도들이 주축이 된 파키스탄이 건국되었고 그는 지금도 파키스탄의 '국부'로 추앙받고 있다.

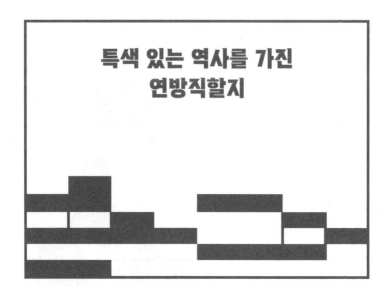

특색 있는 역사를 가진 연방직할지

　인도에는 28개의 주와 8개의 연방직할지가 있다(35쪽 지도 참조). 자체적인 지방 정부를 갖고 있고 주지사*Chief Minister*가 행정을 책임지는 주와는 달리 연방직할지는 자체적인 지방 정부 없이 인도 중앙 정부가 임명한 주지사*Lieutenant Governor*가 행정을 책임진다.●

인도 속 프랑스 푸두체리

　과거 프랑스 식민지였던 푸두체리 연방직할지는 남인도에 있

● 델리와 푸두체리는 연방직할지이지만 지방 정부를 구성하고 있다.

는 케랄라주, 타밀나두주, 안드라프라데시주에 흩어져 있다. 프랑스 또한 수백 킬로미터나 떨어져 있는 푸두체리, 카라이칼, 마헤, 야남에 식민지를 건설하고 운영해왔는데 이 지역을 하나의 연방직할지로 묶은 것이다.

● 푸두체리 연방직할지는 과거 프랑스가 식민 지배하던 네 개 지역을 묶어서 만들어졌다.

프랑스 정부가 네 지역에 대한 지배권을 공식적으로 인도 정부에 넘긴 것은 1962년이지만 이 지역에 대한 지배권이 사실상 인도로 넘어간 것은 인도가 독립한 후 7년이 지난 1954년 무렵부터이다. 네 지역 중 첸나이 남부에 있는 푸두체리가 가장 크고 유명한데 이곳은 아직도 곳곳에 프랑스의 흔적이 남아있다.

르 코르뷔지에가 설계한 찬디가르

펀자브주에 소재한 찬디가르 역시 특색 있는 연방직할지이다. 프랑스에서 주로 활동했던 스위스 출신 유명 건축가 르 코르뷔지에*Le Corbusier*가 설계한 계획 도시로 펀자브주와 하리아나주의 주도를 겸하고 있다.

면적은 약 114세곱킬로미터로 수원시보다 조금 작다. 직사각형으로 구획된 서구식 신도시로 곧게 뻗은 도로와 넓은 녹지 공간, 각종 현대적 건물이 자리 잡고 있어 '인도답지 않은 도시'로 유명하다.

락샤드위프 제도와 안다만 니코바르 제도

아라비아해와 인도양에 자리 잡은 연방직할지도 있다. 케랄라와 마주 보는 아라비아해에 자리 잡은 36개의 작은 섬으로 이루어진 락샤드위프 제도와 인도양 한복판인 미얀마 남쪽에 위치한 안다만 니코바르 제도는 인도 사람들에게 사랑받는 휴양지이다.

독자적 자치권을 원하는 잠무-카슈미르와 라다크

인도 북서부에도 잠무-카슈미르와 라다크라고 불리는 두 개의 연방직할지가 있다. 원래 이 지역은 인도 헌법 제370조에 따라 폭넓은 자치권을 보장받은 주 지위를 갖고 있었으나 2019년

● 잠무-카슈미르 지역에 폭넓은 자치권을 부여해주었던 헌법 제370조를 2019년 인도 중앙 정부가 폐지하자 지역 주민들은 오랫동안 시위를 벌이면서 반대 의사를 밝혔다.

인도 중앙 정부가 이를 폐지하고 두 개의 지역으로 나누어 각각 연방직할지로 지정했다.

잠무-카슈미르 지역은 인도에서 유일하게 무슬림이 인구의 대부분을 차지하는 지역이다. 이러한 특성에도 불구하고 인도 중앙 정부가 상당 부분의 자치권을 폐지하면서 인도 내 무슬림들의 반발을 불러일으켰으나 인도 중앙 정부는 이 지역을 연방 직할지로 전환하는 작업을 밀어붙였다.

인도와 포르투갈의 전쟁

　푸두체리만큼이나 식민지의 역사와 깊숙하게 연결된 지역으로 과거 연방직할지였던 고아주가 있다. 인도 사람들이 가장 사랑하는 휴양 도시인 고아는 아라비아해를 바라보는 최고의 입지 덕에 대항해 시대부터 서양인들 특히 포르투갈 상인들이 꾸준히 상륙한 곳이다.

　1490년대 후반부터 1520년대까지 세 차례에 걸쳐 인도를 다녀간 바스코 다 가마*Vasco da Gama* 역시 남인도의 캘리컷(현재의 이름은 코지코드), 코친과 함께 고아를 빈번하게 방문했다. 이후 약 450년 동안 고아는 다만 및 디우와 함께 인도 대륙에 소재하지만 영국이 아닌 포르투갈의 지배를 받아왔다. 그 덕에 지금도 고아에는 수많은 가톨릭 유적이 남아있고 이 지역 인구 중 상당수가 가톨릭을 믿는다.

　1947년 인도가 영국에게서 독립했지만 이 세 지역은 독립의 기쁨을 맛보지 못했다. 왜냐하면 이곳은 영국

　● 포르투갈을 지배를 받았던 지역

다만　디우

고아

이 아닌 포르투갈의 지배를 받고 있었기 때문이다. 독립 직후부터 인도 정부는 포르투갈에게 고아, 다만 디우 지역에 대한 반환 요구를 해왔다. 하지만 포르투갈은 요지부동이었다.

약 10년이 넘는 기간 동안 계속된 외교적 협상이 끝내 결실을 맺지 못하자 자와할랄 네루는 결단을 내렸다. 1961년 12월 17일 이 세 지역을 탈환하기 위한 군사 작전에 돌입한 것이다. 인도와 포르투갈 사이에 전쟁이 시작되었다. 인도는 약 4만 5,000명의 육해공 병력을 동원했다. 포르투갈 역시 약 3,500명의 병력으로 저항에 나섰으나 경항공모함과 구축함, 전폭기까지 동원한 인도군의 맹렬한 공세를 막아내기에는 역부족이었다. 12월 19일까지 계속된 전투에서 인도군은 22명, 포르투갈군은 30명이 사망했고 마침내 제128대 포르투갈령 인도의 총독이었던 마뉴엘 안토니오 실바*Manuel António Vassalo e Silva*가 인도군에게 항복하면서 전쟁은 마무리되었다.

산스크리트어로 '승리'를 의미한 비제이*Vijay*를 따서 '비제이 작전'으로 명명되었던 포르투갈 식민지에 대한 합병 작전은 이렇게 인도의 승리로 끝났다. 이후 1987년 고아는 주의 지위를 얻은 후 관광 산업을 기반으로 경제적 성장을 구가하게 되었고, 다만과 디우는 연방직할지로 남아있다.

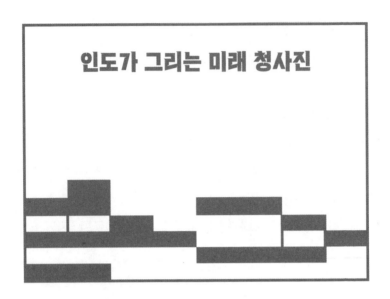

인도가 그리는 미래 청사진

독립 100주년의 청사진을 제시하다

2022년은 인도가 독립을 맞이한 지 75년이 되는 해다. 인도의 독립기념일은 우리나라의 광복절과 같은 8월 15일인데 이날 나렌드라 모디 총리는 독립기념일 연설을 통해 다섯 개의 장기 로드맵을 인도 국민에게 제시했다. 언론들은 이를 '인도를 위한 다섯 가지 약속'이라고 이름 붙이고 보도하기 시작했다. 독립 75주년을 맞이한 인도가 2047년에 도래할 독립 100주년을 바라보면서 무슨 고민을 하고 있는지 어떤 점에서 개선이 필요한지를 밝힌 나름 의미 있는 연설이었다.

나렌드라 모디는 가장 먼저 독립 100주년이 되는 2047년까지 인도를 '선진 인디아'로 만들자고 주장했다. 또한 아직도 인도 사회 곳곳에 깊게 뿌리 박혀 있는 식민지적 사고방식에서 벗어나야 한다고 주장했다. 셋째로는 인도의 전통에 대해 자부심을 갖자고 호소했으며, 넷째로 여

● 나렌드라 모디가 2022년 제75주년 독립기념일 기념식에서 연설하고 있다.

성에 대한 혐오와 차별을 끝내야 한다고 말했다. 마지막으로 각 개인에게 선진 시민의식을 가져 달라고 부탁했다.

얼핏 들으면 서로 연관성이 별로 없어 보이는 내용이다. 하지만 각각의 내용이 어떠한 배경에서 나왔고 문맥 속에 숨은 의미가 무엇인지를 알게 된다면 인도가 그리는 25년 후의 미래를 좀 더 선명하게 이해할 수 있다.

선진 인디아라는 의미

나렌드라 모디가 언급한 선진 인디아란 무엇을 의미하는 걸까? 그는 선진 인디아를 1인당 국민소득이나 경제 규모와 같은 정량적 지표가 아니라 '식민지 시대의 가치관을 극복하고 인도 전통에 대해 자부심을 느끼며 다양성 속에서 통일성을 성취한

● 방글라데시의 의류 생산 공장. 방글라데시는 의류 산업과 같은 제조업 일자리를 크게 늘렸고 그 덕분에 10년 전 인도의 3분의 2에 불과하던 1인당 국민소득이 현재는 인도를 넘어서는 수준이 되었다.

선진 시민들이 사는 나라'라고 정의 내렸다.

　나렌드라 모디가 선진 인디아라는 개념에 대해 다소 모호한 정의를 내릴 수밖에 없는 이유는 다른 게 아니었다. 현재 시점에서 인도와 선진국과의 격차가 너무 크기 때문에 제아무리 25년 후를 이야기한다 해도 정량적인 언급을 하는 것은 부담스러웠을 것이다.●

● 현재 국내총생산이 3조 달러 내외이고 1인당 국민소득이 2,400달러 수준인 인도가 불과 25년 만에 미국(총 경제 규모 약 23조 달러, 1인당 국민소득 6만 3,000달러), 일본(약 5조 달러, 3만 9,000달러), 독일(약 4조 달러, 4만 6,000달러), 영국(약 3조 달러, 4만 1,000달러)의 수준까지 올라서는 것은 쉽지 않을 것이다. 향후 25년 동안 단 한 해도 빼놓지 않고 연 13퍼센트가량 쉼없이 성장해야만 현재 영국 수준의 1인당 국민소득에 도달할 것이기 때문이다. 참고로 인도는 1961년 이래 60년간 연평균 성장률이 약 5.1퍼센트였으며 역사상 최고의 성장률은 1988년의 9.6퍼센트였다. 눈부신 고속 성장

그렇다면 선진 인디아가 이렇게 모호한 개념인데도 국민 앞에 내놓은 배경은 무엇일까? 독립 후 75년이 지났지만 아직도 중하위소득국을 벗어나지 못하고 있는 상황에서 '한 수 아래의 나라'로 여겼던 방글라데시에게 1인당 국민소득이 추월당한 것이다.• 인도 정부 입장에서는 미래의 청사진을 제시하면서 자존심이 많이 상한 인도 국민의 마음을 달랠 필요가 있었다.

국제 사회에서 인도가 내는 목소리

인도는 러시아-우크라이나 무력 충돌 와중에 러시아 원유를 싼값에 도입했다가 미국과 유럽에게서 비난을 받았다. 인도가 러시아산 원유를 수입하는 것은 '러시아에게 전쟁 자금

의 대표 국가인 한국도 1961년부터 2021년까지 60년 동안 13퍼센트를 넘어선 적은 단 다섯 번에 불과하다.

• 인도와 방글라데시의 관계는 복잡하게 얽혀 있다. 우선 방글라데시의 탄생에 인도가 매우 깊숙이 관여했다. 인도의 군사적 지원이 없었다면 1971년 방글라데시가 파키스탄으로부터의 독립 전쟁에서 승리하기는 쉽지 않았을 것이다. 그 때문에 인도 사람들 대부분이 방글라데시를 '한 수 아래의 나라'로 여겨왔다. 실제로 국내총생산은 물론이고 1인당 국민소득에서도 방글라데시는 인도에게 '한 수 아래의 나라'였으며, 약 10년 전인 2012년만 해도 인도와 방글라데시의 1인당 국민소득은 약 1,400달러와 800달러 수준이었다. 그런 나라가 불과 10년 만에 1인당 국민소득 기준으로 인도와 어깨를 견주게 된 것이다. 그러다 보니 인도 야당을 중심으로 인도 정부의 경제 성장 정책을 비판하는 목소리가 높아졌다.

을 대주는 것과 마찬가지'라는 논리였다. 그러자 인도 외무부 장관은 '유럽이 러시아산 가스를 수입하는 규모가 인도의 러시아산 원유 구입 규모보다 훨씬 크다. 그렇다면 어느 나라가 러시아에게 전쟁 자금을 대주고 있나? 인도인가 유럽인가?'라 며 호기롭게 받아쳤다.[21]

나렌드라 모디가 주장한 '식민지적 사고방식 극복'은 바로 이 연장선상에 있다. 과거 선진국의 눈치를 보지 않고 할 말을 하던 인도가 앞으로도 그 길을 계속해서 가겠다는 선언이다. 조금 과장해서 말하자면 '인도의 행동 하나하나를 국제 사회 특히 서방 국가들로부터 허락받을 필요가 없다'라는 선언이라 고 봐도 무방하다.

세계를 영도하는 힌두의 나라

나렌드라 모디 총리는 인도의 전통에 대해 자부심을 갖자 고 호소했다. 취임 직후인 2014년 9월 제69차 유엔 총회에 참 석해 연설하면서 요가를 적극 홍보했고 그 덕분에 유엔은 매 년 6월 21일을 '세계 요가의 날'로 제정했다. 얼핏 보면 정신 과 육체를 수련하는 수련법에 딱히 정치적인 의미가 있을까 싶지만 속을 들여다보면 그렇지 않다.

나렌드라 모디는 요가가 힌두교와 뿌리를 같이한다는 점

● '세계 요가의 날'에 나렌드라 모디가 요가 수련을 하고 있다.

을 끊임없이 인도 국민에게 강조하면서 '요가의 종주국으로서 인도는 곧 세계를 정신적으로 이끌어나가는 국가'라는 이미지를 각인시키고 있다. 실제로 2022년 독립기념일 연설에서 '우리가 우리의 뿌리에 단단히 연결되어있어야 높이 날 수 있으며 그래야만 전 세계의 문제에 해결책을 제공할 수 있다'고 말했다. 자신의 연설을 듣고 있는 국민에게 '세계를 이끄는 인도'라는 자부심을 한껏 심어준 것이다.

갈 길이 멀어도 너무 먼 남녀평등

2022년 독립기념일 연설이 있기 불과 한 달 전 세계경제

포럼의 세계성평등지수가 발표되었다.[22] 조사 대상 146개국 중 인도의 순위는 135위로 이란(143위), 파키스탄(145위), 아프가니스탄(146위)과 별 차이가 없었다. 유사한 지표는 많다. 유엔개발계획이 발표한 성별개발지수*Gender Development Index*에서도 인도는 세계 189개국 중 131위를 차지했다.[23] 세계은행의 통계에 따르면 인도 여성의 경제 활동 참여율은 비이슬람 국가 중에서 세계 최저를 기록(2021년 기준 19.2퍼센트)하고 있다.•

독립 75주년을 축하하는 자리에서 이런 창피한 순위들을 일일이 언급할 수는 없었을 것이다. 나렌드라 모디는 에둘러 '일상 언어와 생활 속에 뿌리박힌 여성에 대한 혐오와 경멸을 끝내자는 약속을 하자'라고 연설했다.

하지만 인도 사회에서 여성의 지위는 언어 습관과 행동을 고쳐서 해결될 수준이 결코 아니다. 여성의 적극적인 사회 활동을 권장하고 여성의 건강과 안전을 보장할 제도적인 장치가 필요하다. 하지만 갈 길은 너무 멀고 어디서부터 어떻게 손을 대야 할지 막막한 수준이다. 25년 후에 선진 인디아로 진입하자고 주장하는 인도의 안타까운 현주소가 여기에 있다.

• 여성의 경제 활동 참여율이 가장 낮은 예멘(5.9퍼센트)을 포함해 하위 10위권 이내의 국가는 모두 이슬람 국가였다. 이들 국가를 제외한 비이슬람 국가 중에서 여성의 경제 활동 참여율이 가장 낮은 나라는 인도이다.

정부의 의무와 시민의 의무

독립 100주년 청사진의 마지막은 각 개인에게 선진 시민의
식을 가져달라는 당부였다. 나렌드라 모디는 국가가 시민들에
게 무엇을 해주는지 묻지 말고 시민들이 국가를 위해 무엇을
할 수 있을지 고민해달라고 말했다. 얼핏 들으면 미국의 존 F.
케네디*John F. Kennedy* 대통령의 연설을 연상시키지만, 그는 이와
는 다른 맥락에서 시민의식을 거론했다.

전 세계적인 인플레이션과 경기 침체가 다가오면서 대부분
의 에너지원을 수입에 의존하는 인도 입장에서는 에너지 가격
상승이 상당히 부담스러울 수밖에 없다. 시민들에게 전기, 수
도 등 에너지를 아껴 쓰라고 당부할 수밖에 없는 상황이다. 그
러다 보니 나렌드라 모디는 '전기와 수돗물을 공급하는 것이
정부의 의무이듯 이것을 아껴 쓰는 것은 시민의 의무이다'라
고 호소하기에 이르렀다.

2022년 독립기념일 연설을 자세히 들여다보면 조금은 당황
스럽다. '선진 인디아'라는 구호와 세계를 이끄는 지도 국가가
되겠다는 야심 찬 다짐도 들어있지만 세계 최악의 여성 인권
상황과 에너지 부족 문제도 투영되어있다. 나렌드라 모디의 독
립기념일 연설을 통해 정치, 경제, 사회 모든 면에서 21세기와
17세기가 공존하는 인도의 민낯이 다시 한 번 드러난 셈이다.

함께 생각하고 토론하기

하버드대학교의 정치학 교수인 조세프 나이*Joseph Nye*는 1980년대부터 '소프트파워'라는 개념을 주장했습니다. 그에 따르면 국가의 국력은 크게 무력과 경제력으로 대표되는 '하드파워'와 정치적 또는 문화적인 매력 등으로 대표되는 '소프트파워'로 구별된다고 합니다.
2005년 그동안의 개념을 정리한 책《소프트파워*Soft Power*》에서는 소프트파워란 상대방을 '매혹하고 설득할 수 있는 힘'이라고 정의하기도 했습니다.[24]

● 나렌드라 모디 총리는 세계 요가의 날 제정을 주도하는 것을 비롯해 인도의 문화적 특징을 외교에 활용하기 위해 노력하고 있습니다. 조세프 나이가 주장한 소프트파워 이론에 따르면 나렌드라 모디의 이러한 외교적 노력은 어떻게 평가될 수 있을지 생각해봅시다 .

●● 한국의 K-pop, 요가를 중심으로 한 인도의 문화, 축구에 크게 관심이 없으면서도 월드컵을 유치한 카타르의 행보 등은 공통적으로 '소프트파워'를 염두에 둔 행동이라고 주장하는 사람들이 있습니다. 이러한 주장에 동의하는지 혹은 동의하지 않는지 입장을 나누어 토론해봅시다.

2014년 총리에 취임한 후 2019년 재임에 성공한 나렌드라 모디에 대한 평가는 극명하게 엇갈립니다. 이전 집권당이었던 인도국민회의의 부패와 무능, 사회주의경제 체제에 입각한 비효율을 몰아낸 뛰어난 지도자라는 평가도 있지만 힌두근본주의를 기반으로 소수 민족을 차별하는 권위적 지도자라는 평가도 존재합니다.

● 나렌드라 모디의 최근 정책과 인도인민당의 정책을 찾아보고 여러분의 생각을 이야기해봅시다.

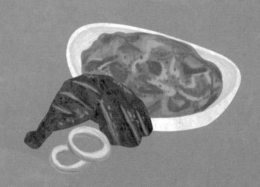

4부

문화로 보는
인도

인도에서는 '과거'와 '현재'를
동시에 경험할 수 있다.

− 아룬다티 로이

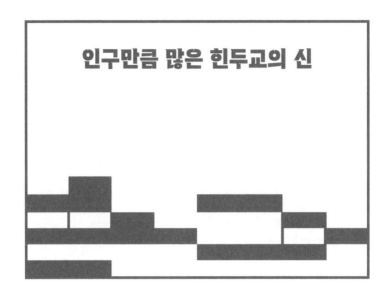

인구만큼 많은 힌두교의 신

힌두교는 전 세계 인구의 약 15퍼센트인 12억 명 정도가 믿는 종교로 기독교, 이슬람교에 이어 세계 3대 종교이다. 인구 14억 명 중 약 80퍼센트가 힌두교도인 인도와 인구 대부분이 힌두교도인 네팔에 대부분이 몰려 있지만 스리랑카과 방글라데시와 같은 인접 국가에도 적지 않은 힌두교도가 살고 있다.

유일신을 믿는 기독교나 이슬람교와 달리 힌두교는 다신교이다. 인도 사람들은 가끔 인도 인구 한 명당 신이 한 명 존재한다고 농담할 정도로 힌두교에는 다양한 신이 존재한다. 인도 사람들의 문화와 일상생활과도 밀접하게 연관되어있는 힌두교의 기원과 발전 그리고 힌두교의 신 이야기를 해보자.

기독교가 유대교에서 기원했듯 힌두교는 브라만교라는 종교에서 기원했다. 브라만교는 기원전 2,000년 무렵 서아시아에서 인도 북서부로 이주한 아리아인들이 믿던 원시 종교로 리그베다를 포함한 4대 베다와 우파니샤드를 기반으로 만들어졌다.● 이 종교를 믿던 아리아인들이 인도 대륙에 정착한 후 인도 토착민들의 여러 토착 신앙과 융합되고 변형되어 현재 힌두교가 성립된 것으로 추정된다. 사람이 죽으면 다시 태어난다는 윤회 사상을 포함해 지금의 힌두교 사상 중 대부분이 브라만교의 교리에서 유래했다.

여기서 잊지 말아야 할 한 가지 사실은 인도 대륙을 지배했던 지배 세력들은 다양한 종교를 신봉했다는 점이다. 기원전 320년경부터 약 150년간 북인도를 지배했던 마우리아 왕조와 320년부터 약 250년 동안 융성했던 굽타 왕조는 불교를 기반으로 한 왕조였다. 이어 1200년대 초반 북인도에 자리 잡은 델리 술탄 왕조부터 1857년 영국에 의해 멸망한 무굴 제

● '베다(Veda)'는 기원전 1500년 전부터 인도 아리아인들이 서술한 시, 신화, 제사 기도문, 철학 사상 등을 총 집대성한 저술을 말한다. 리그베다, 사마베다, 야주르베다, 아타르바베다를 흔히 '4대 베다'라고 부르는데 이 중에서 리그베다는 가장 오래된 것으로 알려져 있다. 인간의 삶과 죽음에 대한 노래와 힌두교의 다양한 신에게 바치는 찬가 등으로 구성되어있다.

국은 이슬람교를 기반으로 했고, 영국 식민 지배 정부는 기독교를 믿었다.

하지만 인도 국민의 절대적 지지를 받은 힌두교는 지배 계급의 종교가 교체되는 와중에도 그 교세가 약화되기는커녕 수천 년 동안 그 세력을 굳건하게 지켰고 결국 인도 전체 인구 열 명 중 여덟 명이 믿는 거대 종교가 되었다.

힌두교는 인도 사람들의 삶에 뿌리 깊게 자리 잡고 있어서 가끔은 종교가 생활이고 생활이 종교라는 느낌이 들 정도이다. 주택가에서도 크고 작은 힌두교 신전을 쉽게 발견할 수 있고 이 신전에 들어가 기도하는 힌두교도의 모습을 쉽게 볼 수 있다. 화려하게 장식된 제단에서는 향기로운 향이 항상 피어오른다. 제단에 바치는 곡물을 비롯한 다양한 제물 또한 1년 내내 끊이지 않는다.

사무실에 출근하는 인도인 직원이 이마에 빨간 빈디를 찍고 나타났다면 그 직원은 아침 일찍 일어나 힌두 사원에 들러 기도를 마치고 출근했다는 뜻이다. 이렇듯 인도에서는 종교와 생활이 밀접하게 연결되어있다.

종류도 이름도 많은 힌두교의 신

힌두교에서는 세 명의 중요한 신을 '트리무르티'라고 부른

● 힌두교 창조의 신 브라흐마

다. 네 개의 얼굴과 네 개의 팔을 가진 브라흐마*Brahma*는 창조의 신이며, 푸른색 피부에 화려한 보석과 꽃에 둘러싸인 비슈누*Vishnu*는 우주를 유지하고 운행하는 신으로 알려져 있다. 파괴의 신인 시바*Shiva*는 목에 뱀을 휘감고 삼지창을 무기로 들고 있으며 이마에는 '제3의 눈'이 있다. 이들의 배우자는 '트리데비(세 여신이라는 뜻)'라고 부르는데 브라흐마의 배우자는 사라스와티*Saraswati*, 비슈누의 배우자는 락슈미*Lakshmi*, 시바의 배우자는 파르바티*Parvati*이다.

힌두교의 신과 관련한 몇 가지 재미있는 이야기가 있다.

첫째, 파괴와 종말을 상징하는 시바에게는 약간은 쌩뚱맞은 '춤의 신'이라는 별명이 있다. 10세기경 남인도에서 융성했던 촐라 왕조 시대에 춤추는 시바상(힌디어로 '나타라자'라고 불림)이 여러 개 만들어졌는데 이 덕분에 서구 세계에 시바는 '춤추는 힌두교의 신'으로 알려지기도 했다.

둘째, 우주를 유지하는 비슈누는 열 개의 아바타(현신)로 나타난다고 여겨진다. 이 중에서 인도 사람들에게 사랑받는 두 개의 아바타는 고대 서사시인 '라마야나'의 주인공 라마*Rama*와

'마하바라타'의 주인공 크리슈나Krishna이다.●

셋째, 그리스 로마 신화와 유사하게 힌두교에도 다양한 신이 등장한다. 아그니Agani는 불의 신이며, 전쟁의 신은 인드라Indra라고 불린다. 몸은 인간인데 얼굴이 코끼리 모양인 가네샤Ganesha는 지혜와 재산의 신으로 인도의 웬만한 가게, 심지어 자동차에도 한자리를 차지하고 있다. 경제적 풍요를 기원하는 인도 사람들의 기복 신앙이 반영된 것이다. 라마야

● 비슈누는 푸른색 피부를 갖고 있다.

나에서 라마를 충실하게 보좌했던 하누만Hanuman은 원숭이 모습을 하고 있다.

● 인도에서는 비슈누의 열 개 현신을 '다샤바타라'라고 부르는데 이는 숫자 10을 의미하는 Das 또는 Dash와 Avatar의 합성어이다. 이들은 각각 마치야(Matsya), 쿠르마(Kurma), 바라하(Varaha), 나라심하(Narasimha), 바마나(Vamana), 파라슈라마(Parashurama), 라마(Rama), 크리슈나(Krishna), 부다(Buddha), 칼키(Kalki)이다.

● 파괴의 신 시바

● 춤추는 시바상

마지막으로, 힌두교에는 선한 신뿐 아니라 악신(惡神)도 존재한다. 이들을 통칭해 아수라^{Asura}라고 부른다. 우리나라 말에도 매우 혼란스러운 모양을 묘사하는 단어로 '아수라장'이라는 단어가 있는데 아수라에서 유래한 것이다. 수천 킬로미터 떨어진 나라에서 유래한 단어가 수천 년의 역사 속에서 살아남은 셈이다.*

----

* 힌두교에서는 아수라가 악신을 통칭하는 단어이지만 현재의 이란 땅에서 기원전 6세기 경에 자라투스트라(Zaratustura)가 창시한 조로아스터교에서는 의미가 다르다. 인류 역사상 가장 오래된 유일신교라고 알려진 조로아스터교에서는 아후라 마즈다(Ahura Mazda)가 세계를 창조한 유일한 전지전능한 신으로 숭배되고 있다.

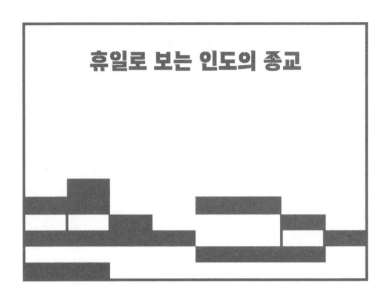

휴일로 보는 인도의 종교

가장 많은 힌두교 축일들

앞서 살펴본 3대 국경일(공화국의 날, 독립기념일, 간디 탄생일)을 제외한 나머지 휴일을 살펴보자. 우선 전체 인구의 약 80퍼센트가 힌두교도이다 보니 힌두교 관련 휴일이 많다. 매년 2월이나 3월에는 '마하 시바라트리(위대한 시바의 밤)'라는 휴일이 있다. 힌두교 신 중 하나인 시바가 어둠과 무지를 무찌른 것을 기념하는 날로, 힌두교도들은 밝게 불을 밝힌 힌두 사원을 찾아 시바에게 경배를 드린다.

통상 3월에 찾아오는 '홀리 축제'는 힌두교 축제 중 가장 널리 알려졌다. '봄의 축제', '색채의 축제'로 알려진 이 축제는 형

● 인도의 봄맞이 축제인 홀리 축제

형색색의 물감과 물을 뿌리면서 겨울이 가고 봄이 왔음을 축하한다. 아는 사람은 물론 모르는 사람에게도 물감과 물을 뿌리기 때문에 멋모르고 외출했다가는 물감 세례를 받을 수 있다.

8월을 전후해서는 인도 사람들이 가장 사랑하는 힌두교 신인 크리슈나의 탄생을 기념하는 '잔마슈타미 축일'이 돌아온다. 10월에는 라마가 머리 열 개 달린 괴물 라바나를 물리친 것을 기념하는 '두세라 축제'가 열린다. 악에 대한 정의의 승리를 기념하는 이날은 보통 북인도 사람들과 네팔 사람들에게 중요한 축제이다.

두세라 축제가 끝나고 20일째 되는 날은 인도의 새해라고 할 수 있는 '디왈리'가 기다리고 있다. 힌두교도들은 디왈리 전후로 새해맞이 대청소를 하고 풍요와 부의 신인 락슈미가 자신의 집을 쉽게 찾아올 수 있도록 밤새 등불을 밝혀 놓는다.

힌두교 이외의 기타 종교 축일도 휴일

인도에서 살다 보면 앞에서 살펴본 다섯 개의 힌두교 명절 이외에도 온갖 종교의 축일을 맞이하게 된다.

우선 이슬람교와 관련된 휴일이 무려 네 개나 된다. 라마단 금식 기간이 끝났음을 축하하는 '이드 알 피트르'는 물론 예언자 무함마드의 탄신일인 '미라드 운 나비'● 등이 휴일로 지정되어있다. 인도 인구에서 무슬림이 약 15퍼센트를 차지한다는 점을 감안하면 충분히 예상 가능한 휴일이다.

인도에서는 크리스마스는 물론 부활절 직전 금요일인 성금요일도 공식 휴일이다. 천주교와 개신교를 합한 인도 내 기독교도의 비율은 전체 인구의 2.3퍼센트에 불과하지만 인도의 인구가 워낙 많다 보니 그 수가 대략 3,000만 명에 달한다. 그렇다 보니 주로 유럽 국가에서나 공식 휴일인 성금요일이 인도에서도 휴일로 지켜지고 있다.

힌두교와 이슬람교가 큰 비중을 차지하는 인도에서 기독교

● 일부 지역에서는 '마울리드(Mawlid)'라고 부르기도 한다.

의 교세가 약할 것이라고 생각한다면 큰 오산이다. 남인도에는 종교 의식과 교리의 많은 부분을 시리아 정교회와 공유하는 기독교도가 상당수 거주하고 있다. 케랄라주에만 대략 600만 명, 인접한 타밀나두주에도 약 400만 명이 거주한다. 이들은 52년 무렵 예수의 열두 제자 중 한 명인 도마*St. Thomas*가 인도에 정착했고 그것이 자신들이 믿고 있는 종교의 시작이 되었다고 생각한다.

실제로 이 당시에는 무역풍을 타고 중동에서 인도를 거쳐 동남아시아로 왕래하는 다수의 무역상이 케랄라의 해변을 드나들었던 것으로 밝혀졌고 이 중에는 로마 제국 치하의 유대인들도 있었던 것으로 전해진다. 성경 속의 도마가 인도의 서부 해안에 정착해 인도 기독교의 원조가 되었다는 인도 사람들의 믿음을 근거 없다고 일축하기는 어렵다.

이후 바스코 다 가마를 포함해 15세기부터 인도를 스쳐 지나간 수많은 서유럽인들은 로마 가톨릭 사제들을 인도에 남겨놓았고 이들 또한 꾸준한 생명력으로 자신들의 신앙을 지켜왔다. 19세기 이후에는 인도 북동부(미얀마 및 방글라데시와 인접한 지역)에 본격적으로 개신교가 전파되면서 나갈랜드주(88퍼센트), 미조람주(87퍼센트), 메갈라야주(75퍼센트), 마니

● 예수의 손과 옆구리에 생긴 구멍에 자기 손가락을 직접 넣어보고서야 부활을 믿게 된 바로 그 '의심 많은 도마'이다.

푸르주(41퍼센트), 아루찰프라데시주(30퍼센트)에 개신교가 널리 퍼졌다.

힌두교, 이슬람교, 기독교에 이어 인도의 4대 종교라고 할 수 있는 시크교(인도 인구의 약 1.7퍼센트)는 우리나라 사람은 물론 외국인에게 조금은 낯선 종교이다. 시크교는 16세기경 힌두교와 이슬람교의 장점을 취해 구루 나낙*Guru Nanak*이라는 교주가 창시한 종교로 역사가 약 500년밖에 되지 않는다.

힌두교의 고질적인 병폐인 카스트에 의한 차별을 배격하기 위해 남자에게는 '사자'라는 의미의 싱*Singh*을, 여자에게는 '공주'라는 의미의 카우르*Kaur*를 성으로 사용하게 하는 것으로 유명하다. 근면 성실하고 상무(尙武)를 존중하는 전통으로 자수성가한 자산가가 많고 인도 군대와 경찰에서 고위직을 차지한 사람도 많다.

2004년부터 2014년까지 인도 총리를 역임한 만모한 싱*Manmohan Singh* 역시 시크교도였는데 항상 머리에 두르고 다니던 푸른색 터번이 그의 상징이 되었다. 이 정도의 힘을 가진 종교이다 보니 이 종교의 창시자 구루 나낙이

● 시크교의 창시자인 구루 나낙의 초상화

태어난 날 역시 인도의 공휴일이다.

약 800만 명의 신도 수를 가진 불교는 인구의 약 0.7퍼센트를 차지하며 '부처님 오신 날' 역시 휴일로 정해져 있다. 우리나라의 '부처님 오신 날'과는 약 1주일 정도 차이가 있다.

4월경에는 '마하비르 자얀티'라는 자이나교 축제가 있다. 자이나교가 어떤 종교인지 알고 있다면 인문 지리 지식이 매우 뛰어나다고 할 수 있다. 자이나교는 형식에 치우친 브라만교에 대한 반동으로 불교와 비슷한 시기에 발생했으며 불교보다 더 엄격한 불살생의 교리를 견지하는 종교이다. 엄격한 교리 탓에 불교와는 달리 세계적인 종교로는 발전하지 못했다. 2011년 인구 조사에 따르면 인도 전체 인구의 약 0.4퍼센트인 440만 명가량의 신도만 남아있는 상황이다.

하지만 자이나교가 견지하는 엄격한 교리는 오히려 이들에게 축복이었다. 엄격한 불살생의 교리를 지키기 위해 육식은 물론 농사도 지을 수 없었는데, 왜냐하면 농사에 방해되는 각종 곤충을 죽일 수 없었기 때문이다. 결국 이들은 상업과 금융업에 몸담을 수밖에 없었고 근면하고 엄격한 생활 방식으로 엄청난 상인 세력을 형성했다. 그 결과 현대의 인도 사회에서 결코 무시할 수 없는 집단이 되었다. 실제로 인도 최고 부자 중한 명으로 꼽히는 가우탐 아다니*Gautam Adani* 역시 자이나교도이다. 인구의 0.4퍼센트밖에 안 되는 사람들을 위해 휴일이 존재할 수밖에 없는 충분한 이유가 되는 것이다.

공식적인 국경일인 공화국의 날, 독립기념일, 간디 탄생일 이외의 휴일들은 단 한 개도 예외 없이 다양한 종교에서 파생한 기념일이나. 종교별 인구의 비율과 비슷하게 송교별 휴일도 적절하게 배분되어있을 뿐더러 비록 인구 비중은 작지만 의미가 있는 소수 종교에게도 최소한 하루의 기념일을 허락하는 아량도 보이고 있다.

전 세계 주요 국가 중 무려 다섯 개나 되는 종교의 기념일을 골고루 지키는 나라가 인도 말고 또 있을까? 인도의 휴일이야말로 '다양성(10여 개의 종교 휴일) 속의 통일성(3대 국경일)'이라는 인도의 특성을 가장 잘 보여주는 모습이 아닐까 한다.

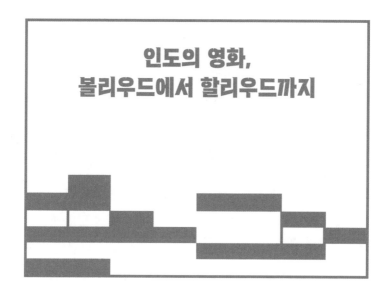

인도의 영화,
볼리우드에서 할리우드까지

2023년 3월 아카데미상 시상식에서 아시아 영화 최초로 주제가상을 받은 영화는 〈RRR〉이라는 인도 영화였다.

영국 식민지 시대에 실존했던 인도 독립운동가 두 명을 모티브로 만든 영화인데 인도는 물론 영화의 본고장인 미국에서도 약 1억 5,000만 달러에 달하는 흥행을 올렸다. 심지어 미국의

● 2023년 3월 아카데미 시상식에서 주제가상을 받은 〈RRR〉

유명 잡지인 〈USA Today〉는 2022년 6월 〈RRR〉을 2022년 최고의 영화로 뽑았다. 인도 영화의 어떠한 면이 미국 관객의 마음을 사로잡은 걸까?

1년에 1,000편이 넘는 영화가 만들어지는 꿈의 공장

'볼리우드*Bollywood*'라는 말은 뭄바이의 옛 이름인 봄베이와 할리우드를 합한 단어로 인도 영화 산업 전체를 일컫는 별명이다. 하지만 정확히 말하자면 볼리우드 영화는 뭄바이를 중심으로 만들어지는 힌디어 영화만을 가리키는 말로 인도 전체 영화 산업에서 약 절반 정도를 차지한다. 인도 남동부에서 텔루구어로 만들어지는 톨리우드*Tollywood* 영화와 타밀어로 만들어지는 콜리우드*Kollywood* 영화 등이 시장 점유율 기준으로 그 뒤를 잇고 있다.

이렇듯 매년 약 1,500편의 영화가 힌디어, 텔루구어, 타밀어, 벵골어 등 수십 개의 언어로 만들어지는 인도의 영화 산업은 1890년대까지 거슬러 올라가는 오랜 전통을 자랑한다. 인도 전체 박스 오피스 규모는 약 25억 달러로 추산되는데 이는 미국, 중국, 일본, 한국 등에 이어 세계 6위 정도의 규모이다.

인도 영화는 독특한 특징이 있어서 흔히 '마살라 영화'라고 불린다. 독특하고 강한 향을 내는 다양한 향신료가 한데 어우

러져 여러 가지 맛을 내는 인도 음식처럼 인도 영화에는 다양한 요소가 한꺼번에 버무려져 있다. 실제로 영화 한 편에 액션, 코미디, 뮤지컬, 서스펜스 등이 모두 들어있어서 진지하게 시작했던 서스펜스 영화가 얼마 지나지 않아 출연진 수십 명이 갑자기 춤추고 노래하는 뮤지컬로 바뀌었다가 또 얼마 지나지 않아 중력을 무시하는 몸짓이 가득한 허무맹랑한 액션 영화로 돌변하기도 한다. 사실 기반의 영화에 익숙한 한국 영화 관객들의 눈에는 우습다 못해 괴상하게까지 느껴질 정도이다. 줄거리의 전개와 상관없이 출연진 전체가 난데없이 노래하고 춤추는 장면이 곧잘 등장하기 때문에 인도 영화는 ABCD 영화, 즉 누구나 춤을 추는 영화*Any Body Can Dance*라는 재미있는 별명도 가지고 있다.

대부분의 경우 인도 영화는 화려한 볼거리와 긴 상영 시간을 특징으로 한다. 아직도 높은 문맹률과 다양한 언어를 가진 나라이다 보니 복잡하고 심오한 대사를 기반으로 꼼꼼하게 직조된 플롯이 아닌 시각적인 즐거움에 크게 기댈 수밖에 없다.

인도 전체에는 약 1만 2,000개의 상영관이 있는데 PVR을 포함해 한국의 복합 상영관과 비교해도 뒤떨어지지 않는 현대식 영화관도 많다. 보통 3시간에 달하는 영화 상영 시간 동안 인도 관객들은 주인공들에게 한껏 몰입해 통쾌한 장면에서는 함성을 지르고 휘파람을 부는 등 매우 흥겹게 영화를 감상한다.

인도 영화 시장은 해외 영화가 매우 고전을 면치 못하고 있다. 미국의 〈스타워즈〉나 〈아바타〉 같은 영화도 불과 며칠 만에 사라져버릴 정도이며 실제로 전체 상영관의 90퍼센트 가까이를 인도 영화가 점유하고 있다.

인도 영화계가 직면한 도전들

인도 영화 산업은 최근 적지 않은 변화에 직면해 있다. 우선 인도 영화계에서 차지하는 볼리우드 영화의 영향력이 급격하게 약화되고 있다. 약 10년 전만 해도 전체 인도 영화 산업에서 볼리우드가 차지하는 비중이 약 45퍼센트 정도는 되었지만 코로나19 사태를 겪고 난 2021년에는 그 비중이 25퍼센트 수준으로 급격하게 축소되었다. 가장 큰 이유는 볼리우드를 이끌던 스타들의 티켓 파워가 줄어들었기 때문이다.

볼리우드 영화는 1990년부터 극소수의 슈퍼스타에 의존하는 구조를 유지해왔는데 최근 들어 이들을 캐스팅한 영화가 줄줄이 흥행에 실패하고 있다. 2022년 만들어진 30여 편이 넘는 대형 볼리우드 영화 중 22편이 제작비도 건지지 못하는 흥행 참패를 겪었다. 볼리우드 영화가 물러난 빈자리는 톨리우드 영화나 콜리우드 영화가 빠르게 차지했는데 세계적 흥행을 거둔 〈RRR〉이 대표적이다.

인도 영화 관객들도 비슷한 스토리라인을 재탕 삼탕해 영화

● 인도 영화업계를 지배해온 세 명의 남자 배우. 왼쪽부터 샤룩 칸, 아미르 칸, 살만 칸

를 만들던 볼리우드 영화에서 벗어나 좀 더 다양한 자국 영화와 외국 영화에 관심을 갖기 시작했다. 볼리우드 영화에 종사하는 제작자와 감독 및 배우 대부분이 소위 상위 카스트에 속한 특권층이라는 것은 공공연한 비밀이다. 소수의 축복받은 사람들이 만들어온 화려한 영화에는 인도가 안고 있는 카스트 차별과 빈곤 같은 문제가 담길 여지가 없었다. 하지만 남인도에서 제작된 영화에는 인도의 적나라한 현실이 심심치 않게 등장한다. 이러한 내용이 관객의 마음을 사로잡은 것이다.

또한 영화를 감상할 수 있는 채널이 바뀌면서 관객들의 태도 또한 급속하게 바뀌고 있다. 코로나19 사태 이후 인도에서도 OTT 시장이 빠르게 성장했는데 남인도 영화 산업 종사자들이 이러한 기회를 놓치지 않았다. 타밀어나 칸나다어로 만든 자신들의 영화에 힌디어를 더빙해 넷플릭스를 포함한 OTT

채널에 선보이기 시작했고 엄청난 성공을 거두었다. '1인치의 장벽을 넘으면 새로운 세계가 펼쳐진다'는 봉준호 감독의 말이 실제로 실현되어 거대한 수익이 창출되고 있는 곳이 바로 인도의 OTT 시장이다.

인도 영화계가 2014년 이후 집권한 인도인민당과 빈번하게 충돌하고 있다는 점 또한 지적할 필요가 있다. 사회 비판적 영화를 주로 제작하고 정치적 견해를 거침없이 드러냈던 아미르 칸*Aamir Hussain Khan*이나 디피카 파두콘*Deepika Padukone* 같은 영화인들은 최근 들어 힌두근본주의 세력들이 조직적으로 벌이는 불매 운동으로 인해 어려움을 겪고 있다. 홍콩이 중국에 복속되면서 그전까지 아시아 영화의 왕좌에 군림하던 홍콩 영화가 급격하게 쇠퇴한 이유는 창작의 자유가 정치적인 이유로 제한받았기 때문이다. 이런 안타까운 현상이 인도 영화 산업계에 재현되는 것은 아닌지 조금은 우려스럽다.

볼 만한 인도 영화들

인도를 간접적으로 체험해볼 좋은 인도 영화는 어떤 것이 있을까? 일단 인도를 다루고 있지만 볼리우드가 아닌 해외 영화사에서 제작한 외국 영화가 있다. 아카데미상 열 개 부문 후보에 올랐던 2009년 대니 보일Danny Boyle 감독의 〈슬럼독 밀리어네어〉를 보면 인도 빈민층의 처참한 삶과 빈부 격차 등을 살펴볼 수 있다.

이안Lee Ang 감독의 2012년 영화 〈라이프 오브 파이〉 역시 인도를 배경으로 한 영화로 화면을 압도하는 아름다운 영상미와 영화 후반부에 등장하는 엄청난 반전으로 많은 영화 관객의 뇌리에 강한 인상을 남겼다. 인도가 처한 국제 정치적 상황을 냉정하게 그린 영화를 보고 싶다면 2018년에 나온 〈호텔 뭄바이〉를 보면 된다.

인도 사람들이 만든 인도 영화 중 한국 관객들이 가장 공감할 만한 영화는 단연코 2009년에 만들어진 〈세 얼간이〉이다. 학생 개인의 개성을 무시하는 입시 위주의 인도 교육 제도에 대한 신랄한 비판을 코미디 영화라는 형식에 담았다.

2016년에 만들어진 〈당갈〉은 인도 최초로 2010년 영연방대회에서 금메달을 획득한 여자 레슬러 기타 포갓Geeta Phogat을 다룬 스포츠 영화이다. 유쾌한 영화이지만 인도 사회에 뿌리 깊게 자리 잡은 여성 차별에 대해 던지는 메시지가 제법 묵직하다. 2023년 2월 기준 인도 역대 영화 흥행 성적 1위를 굳건히 지키고 있다.

2013년에 만들어진 〈런치박스〉는 뭄바이 특유의 점심 도시락 배달 문화를 모티브로 한 따뜻한 영화로 인도 중산층의 삶을 엿볼 수 있다.

종교적이면서도 세속적인
인도의 결혼식

　결혼식과 장례식은 각 문화권이 가진 고유의 특징이 반영되
므로 각기 독특한 형태를 지닌다. 한국 사람의 입장에서 가장
이질적인 인도 문화를 꼽으라면 단연코 결혼식과 장례식 문화
일 것이다. 우선 결혼식부터 살펴보자.

매우 종교적인 그러나 매우 세속적인

　힌두교 전통에서 결혼이란 두 영혼의 신성한 결합이라는 의
미를 가지고 있지만 현대에 와서는 사회적 또는 경제적 지위
가 유사한 집안끼리의 경제적 결합이라는 의미가 더 크다. 인

도에서는 매우 종교적이면서도 매우 세속적인 결혼의 특징을 쉽게 확인할 수 있다.

우선 전체 결혼 중 90퍼센트 이상이 연애 결혼인 우리나라와는 달리 인도에서는 전체 결혼의 약 95퍼센트가 중매 결혼이다. 80대부터 20대에 이르는 전 연령대에서 이 비율은 거의 바뀌지 않고 있다.[25] 한마디로 수천 년부터 중매 결혼이 대세였고, 현재도 대세이며, 앞으로 당분간 이러한 추세는 바뀌지 않을 거라 짐작할 수 있다. 중매 결혼이 대부분이다 보니 같은 종교를 가진 비슷한 경제적 수준의 집안끼리 결혼이 성사될 수밖에 없다.

● 2018년 5월 6일 자 〈Times of India〉 뭄바이 판의 결혼 광고 중 브라만 섹션. 피부가 희고 아름다우며, 전통과 현대가 조화를 이룬 브라만 계급 여성(85년 1월 12일생, 키 5피트 2인치, 대학에서 공학 전공, 푸네시 소재 다국적 기업 근무 중, 연소득 220만 루피)이 브라만 계급 IT 전문가 남성을 희망한다는 내용이다.

시골에서는 주로 집안끼리의 중매로 결혼 상대를 찾지만 대도시에 거주하는 사람들은 신문이나 잡지에 혼기가 찬 자녀를 소개하는 결혼 광고를 싣는다. 통상 결혼 광고는 전국 범위로 발행되는 일간지의 일요일판에 실리는데 카스트, 지역, 언어로 구별되어 게재된다. 하얀 피부를 갖고 있다거나 미국이나 영국 등 선진국 국적 소유자라거나 인도 행정고시를 합격했다거나 다국적 기업에 다니고 있는 등이 결혼 광고에 실리는데, 한마디로 지극히 현실적인 기준에 따라 배우자감을 고른다는 말이다. 신부 집안이 전적으로 부담해야 하는 결혼지참금이라는 악습이 사라지기는커녕 그 금액이 점점 커지는 것 역시 이러한 현실적인 배경 때문이다.

우리나라에서는 종교가 다른 집안끼리의 결혼이 그리 낯선 풍경이 아니지만 인도에서는 매우 예외적인 경우이다. 인도 사람 중 무려 99퍼센트가 같은 종교를 가진 사람과 결혼할 뿐 아니라 종교가 다른 사람과의 결혼을 아예 금지해야 한다고 생각하는 비율도 세 명 중 두 명을 넘어선 것으로 나타났다.[26] 인도 사람에게 다른 종교와의 통혼은 상상할 수 없는 일인 셈이다.

실제로 북인도에 위치한 우타르프라데시주는 약 2억 명의 인구가 사는 인도에서 가장 큰 주인데 서로 다른 종교를 가진 사람이 결혼해서 배우자에게 개종을 강요할 경우 이를 징역형으로 다스릴 수 있는 러브지하드법을 2020년 통과시켜 시행하고 있다. 비힌두교 남성이 힌두교 여성과 결혼해 개종을 강요하는 것을 막기 위해 도입된 법이다.

결혼 상내가 성해셨으면 몇 수에 걸쳐서 결혼식 준비를 한다. 힌두교 전통을 따르는 결혼식을 중심으로 설명하자면 인도에서의 결혼식은 매우 종교적이고 화려하다는 양면성을 갖는다. 예비 신랑 신부의 탄생 일시를 기준으로 힌두교 점성술사에게 궁합을 물어보는 일은 인도에서는 아직도 흔하다.

결혼식은 길일(吉日)을 택해 약 3일에 걸쳐서 진행된다. 첫날은 신부를 정성스럽게 치장하는 '메헨디'라는 행사를 갖는다. 신부의 손과 발에 화려한 헤나 장식을 하는 때이다. 밤에는 '상깃'이라고 불리는 화려한 파티를 연다. 상깃은 '같이 노래하다'라는 뜻의 산스크리트어로 흥겨운 음악과 화려한 춤을 즐기며 밤늦게까지 파티를 벌인다. 초대받은 손님들이 참여하는 일종의 환영 만찬이라고 할 수 있다. 원래는 신부의 가족만 참석하는 행사였으나 현대에 들어서는 신랑 신부의 가족과 친지가 참여하는 파티로 변모했다. 영화나 드라마에 등장하는 화려한 인도 결혼식은 대부분 이 상깃 파티의 장면이다.

둘째 날은 신랑과 신부 각자의 집에서 '할디'라는 행사를 갖는다. 신랑과 신부의 몸에 강황 가루를 뿌리는데 두 사람을 축복하고 악귀를 몰아낸다는 종교적 의미를 담고 있다. 이때 신부는 인도식 팔찌인 뱅글로 몸에 치장하는 '추라'라는 의식을 치른다. 그러면 헤나 장식을 한 신부의 팔꿈치까지 화려한 팔

● 결혼식에 사용되는 헤나 장식은 보통 꽃을 모티브로
한다.

● 헤나 장식한 손목에 뱅글 치장을 한 신부

● 신랑이 말을 타고 신부의 집으로 향하고 있다.

찌가 가득하다.

신랑은 보통 '셰르와니'라는 흰색의 전통 의상을 입고, 신부는 빨간색과 금색으로 장식된 신부용 드레스 '레헹가'를 입는다. 빨간색과 금색은 행복한 결혼 생활을 가져다주는 색이라고 여겨진다. 이들이 입는 결혼 의상은 보통 수십만 원에서 수백만 원에 달한다.

서양식 개념의 실제 결혼식은 3일째 되는 날이 되어서야 열린다. '바라트'라고 불리는데 신랑이 말이나 코끼리를 타고 신부가 사는 마을로 찾아와 신부를 신혼집으로 데려가는 여정을 상징한다.

내가 근무하는 회사 근처에 고급 호텔이 있는데 날씨가 선선해지는 가을이 되면 여러 명의 악기 연주자가 앞장서고 말을 탄 신랑이 그 뒤를 따라 호텔로 들어가는 모습을 자주 본다. 수백 명에서 수천 명의 하객이 보는 앞에서 신랑과 신부는 드디어 결혼식을 시작한다. 이윽고 신랑과 신부의 옷을 묶음으로써 둘은 운명 공동체가 되었다는 것을 확인하고 신성한 모닥불 주위를 일곱 바퀴 돌아 공식적으로 부부가 된다. 이렇게 길고 화려하고 북적이는 3일간의 결혼식이 끝을 맺는다.

온갖 종류의 화려한 의상과 귀금속, 적게는 수백 명에서 많게는 수천 명에 달하는 하객에게 온갖 종류의 음식을 대접하는 엄청난 행사이다 보니 인도 사람들은 평생 버는 돈의 5분의 1가량을 단 며칠 동안의 결혼식에 쏟아붓는다고 해도 과언이 아니다. 매년 천만 쌍 이상의 남녀가 결혼하다 보니 인도의 결혼 시장은 미국에 이어 세계 2위 규모로 약 500억 달러(60조 원)에 이른다. 인도의 빠른 경제 성장 덕에 이 규모 또한 급격히 커지고 있다. 아무리 길어도 1시간이면 마무리되는 우리나라 결혼식 문화와 비교하면 달라도 너무 다르다.

매혹과 놀라움으로 가득 찬 미각의 향연

외국에 나가 현지 음식에 선뜻 도전하기 힘들 때 만만하게 갈 수 있는 곳이 맥도널드와 같은 패스트푸드점이다. 그런데 인도에서는 맥도널드에 들어서서 주문을 하려고 해도 막막함이 밀려온다. 일단 우리에게 익숙한 메뉴를 찾기 힘들다. 그 대신 McSpicy Paneer, McAloo, McVeggie 등 인도 분위기가 흠씬 풍기는 수상한 메뉴들이 자리를 차지하고 있다.

● 인도판 빅맥이라 할 수 있는
Chicken Maharaja Mac

소고기를 먹지 않는 인도의 특성상 인도 맥도널드에서는 빅맥 대신 Chicken Maharaja Mac이 대표 메뉴 자리를 차지하고 있다. 소고기 대신 닭고기가 들어간 인도판 '빅맥'인 셈이다. 오리지널 빅맥과 확연히 다른 맛인 이 햄버거에는 인도 향신료인 마살라 맛과 매콤한 맛이 덤으로 느껴진다.

세 개 지역으로 나뉘는 인도 음식

동서남북으로 각각 약 3,000킬로미터나 되는 거대한 나라이다 보니 인도는 지역마다 음식이 다양하다. 인도의 음식은 세 개의 권역으로 크게 분류할 수 있다.

중동의 영향을 많이 받은 북인도에서는 쌀이 아니라 밀가루로 만든 난*naan*이라고 불리는 인도식 빵을 주식으로 한다. 남인도 음식에 비해 상대적으로 향과 맛이 덜 강한 편이다.

남인도에서는 쌀을 먹거나 쌀가루로 만든 얇은 부침개인 도사*dosa*를 주식으로 먹는다. 남인도 음식은 좀 매운 편이어서 한국 사람 입맛에 잘 맞는다는 의견도 있지만 강한 향신료 탓에 호불호가 갈리기도 한다.

마지막으로 인도 북동부의 벵골 지역에서는 풍부한 해산물을 기반으로 다양한 생선 요리가 발달되어있다.

한국 사람들이 인도에서 부담 없이 도전해볼 만한 첫 번째 음식은 버터치킨*Butter Chicken*이다. 현지어로는 '무르그 마카니 *Murg Makhani*'라고 불리지만 버터치킨이라고 해도 대부분이 알 아듣는다. 인도를 대표하는 전 세계적인 요리이지만 처음 만들 어진 시기는 불과 70년 전 뉴델리에 있는 모티 마할이라는 식 당에서였다. 버터를 섞은 크리미한 소스에 닭고기가 들어있어 부드럽고 냄새 또한 좋다.

우리나라 볶음밥과 유사한 '치킨 비리아니*Chicken Biryani*' 또한 한국인의 입맛에 잘 맞는 음식이다. 쌀밥에 강황, 쿠민, 후추 등 각종 향신료와 닭고기를 넣고 찌는 요리인데 인도식 요구르트 인 다히*Dahi* 또는 다히에 민트나 고수 잎을 첨가한 라이타*Raita*

● 버터치킨

● 치킨 비리아니

를 부어서 먹기도 한다. 우리 나라에서 전주비빔밥을 최고로 쳐주듯이 인도에서는 하이데라바드식 비리아니를 최고로 쳐준다.

● 탄두리 치킨

펀자브 지역의 대표적 요리인 '탄두리 치킨*tandoori chicken*' 도 빼놓을 수 없다. 탄두리 치킨의 원형이라 할 수 있는 요리가 청동기 시대 유적지인 하라파에서 발견될 정도로 탄두리 치킨은 유서 깊은 요리이다. 다히와 마살라에 재어놓은 닭고기를 인도식 화덕인 탄두리에 구워서 먹는다. 카슈미르 고춧가루나 강황을 발라서 굽는 경우가 많아 붉은색을 띠며 맛도 다소 매콤하다. 뼈를 제거하고 조리한 탄두리 치킨은 치킨 티카*Chicken Tikka*라고 불리며 인도를 포함한 서남아시아 지역은 물론 영국에서도 대표적인 인도 요리로 사랑받고 있다.

탈리와 인도식 디저트 도전

인도식 향신료에 익숙해졌다면 인도식 백반이라고 할 수 있는 탈리*Thali*에 도전해보자. 탈리는 원래 '쟁반'을 일컫는 단어인데 커다란 원형 쟁반에 쌀밥, 각종 커리, 인도식 피클, 다히나

● 인도식 백반 탈리

● 달콤한 인도의 대표 디저트 굴랍자문

라이타 같은 요구르트 종류가 동그랗게 배열된 음식상을 통칭한다. 지역에 따라서는 쌀밥 대신 로티*Roti*나 차파티*Chapati*와 같은 발효시키지 않은 빵이 나오는 경우도 있다.

치즈를 좋아하는 사람이라면 인도식 치즈 빠니르*Paneer*도 먹어보면 좋다. 인도 사람들은 치즈만 따로 먹기보다 다양한 재료와 곁들여 요리한다. 혹시라도 인도 음식이 나오는 뷔페에 갔는데 시커먼 국물에 하얀 치즈가 둥둥 떠 있는 요리가 있다면 놀라지 말고 꼭 한번 먹어보기를 바란다. 삶은 시금치와 빠니르를 곁들인 빨락 빠니르*Palak Paneer*라는 요리이다.

이제 밥을 다 먹었으면 맛있는 인도의 디저트를 즐겨보자. 다히에 과일이나 설탕을 넣어 달게 만든 라씨*Lassi*도 유명하고, 동그랗게 튀긴 밀가루를 설탕물에 재어놓은 굴랍자문*Gulab Jamun*도 대표적인 인도식 디저트이다.

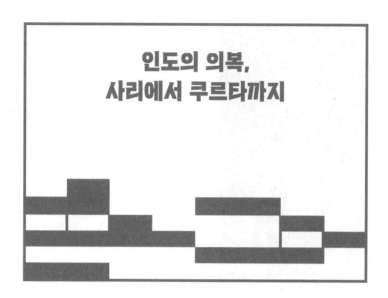

인도의 의복,
사리에서 쿠르타까지

화려하고 아름다운 여성의 전통 의상

　인도를 대표하는 가장 대표적인 의복 문화에는 어떤 것이 있을까? 일단 인도 여성의 의복으로 가장 많이 알려져 있는 것은 '사리'이다. 사리는 폭 1미터 내외, 길이는 5~10미터 정도의 직사각형 천이다. 힌두교에서는 바느질을 하지 않고 한 번에 직조한 옷을 '순수한' 옷이라고 여긴다. 바느질하거나 천을 덧대어 만든 옷을 '순수하지 않은 옷'으로 취급하기 때문에 사리는 대부분 바느질 없이 한 장의 천으로 구성되어있다.

　보통 촐리라고 불리는 타이트한 상의와 속치마를 입은 후 사리를 겉옷으로 입는다. 보통의 사리는 면으로 되어있으나

● 촐리 위에 사리를 입은 인도 여성

● 살와르 카미즈와 두빳따를 착용한 여성

고급 사리는 비단으로 된 경우도 있으며 화려한 염색이 되어있는 경우도 많다.

무굴 제국 시대에 여성들이 입던 평상복이 현재까지 전해진 '살와르 까미즈'라는 의복도 즐겨 입는다. 사리가 한 장의 천으로 만든 치마인 반면 살와르 카미즈는 통이 넓은 바지(살와르)와 무릎까지 내려오는 윗옷(카미즈)으로 구성되어있다.

주로 인도 북서부의 카슈미르와 펀자브 지역에서 많이 입어 '펀자비'라는 이름으로 불리기도 한다. 살와르 대신 통이 조금 좁은 바지인 추리다를 입기도 하는데 카미즈 위에 '두빳따'라고 불리는 긴 스카프를 같이 착용한다.

한편 인도 여성은 이마에 빈디라고 불리는 점을 찍기도 하고, 기혼 여성의 경우 정수리에 붉은색의 가루를 뿌리는 경우가 많다. 이 가루는 '신두르'라고 한다.

도티와 쿠르타로 대표되는 남성의 의상

인도 남성의 의복을 알아보자. 인도 여성의 대표 의복이 사리라면 인도 남성의 대표 의복은 '도티'이다. 도티는 약 5미터 정도 되는 바느질하지 않은 직사각형 천으로 하의로 입는다.

도시와 농촌을 불문하고 현대 인도 여성에게 아직도 사랑받는 사리와는 달리 도티를 입고 다니는 남성은 많이 줄었다. 뉴델리에서는 사리와 살와르 카미즈를 입고 다니는 여성은 흔히 볼 수 있지만 남성의 전통 하의인 도티를 입고 다니는 남성은 찾아보기 힘들다.

반면 남성의 상의인 '쿠르타'는 아직도 많은 인도 남성이 즐겨 입는다. 쿠르타는 여성의 카미즈와 비슷하게 무릎까지 내려오는 겉옷으로 연령대에 상관없이 즐겨 입는 전통 의상이다.

남인도를 중심으로 남성들이 주로 입는 '룽기'라는 전통 의상도 있다. 일종의 남성용 치마인데 폭이 일정한 천을 허리에 두른 후 발목까지 늘어뜨리고 허리에 동여매서 입는다.

마지막으로 전통 의상은 아니지만 인도를 대표하는 의상이 있다. 바로 '네루 자켓'이다. 자와할랄 네루가 즐겨 입던 남성

● 도티를 입은 세포이 병사

● 쿠르타를 입은 남성

● 룽기를 입은 소년

● 네루 자켓을 입은 자와할랄 네루

● 쿠르타와 추리다 위에 네루 조끼를
입은 소년

용 자켓으로 쿠르타와 비슷하게 생겼지만 목 부분을 주로 차이
니즈 칼라로 만들어 대개의 경우 몸에 딱 붙게 입는다.

　네루 자켓과 비슷하게 생긴 '네루 조끼'도 현대 인도 남성들
이 즐겨 착용한다. 지역에 따라 사드리, 와스캇 또는 반디라고
불리며 이 역시 자와할랄 네루가 즐겨 입은 모습에서 유래되
어 전 세계적으로 유명해졌다.

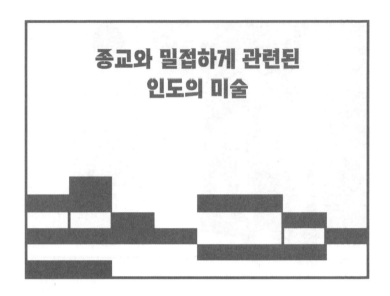

종교와 밀접하게 관련된 인도의 미술

고대 인도의 불교 미술, 아잔타 석굴

1819년 4월 인도 마하라슈트라주의 아우랑가바드 지역에 파견나와 있던 영국군 소속의 존 스미스*John Smith* 대위가 무료한 시간을 보낼 겸 동료 장교들과 함께 인근 산악 지역으로 호랑이 사냥을 떠났다.

와고라강(와고라는 '호랑이'라는 뜻) 근처에 있는 숲속을 헤매던 그의 눈 앞에 거대한 협곡이 나타났다. 그리고 반대편 협곡의 벽면에 인공적으로 만들어진 것이 틀림없는 수십 개의 석굴이 보였다. 호기심이 발동한 그에게 호랑이 사냥은 더 이상 중요하지 않았다. 협곡 반대편 절벽을 힘겹게 기어올라 마침

● 아잔타 석굴

　내 동굴 입구에 도달한 그는 현장에서 급조한 횃불을 손에 쥐
고 조심스럽게 동굴 안으로 발을 내디뎠다. 1,000년 가까이 세
상 사람들에게 잊힌 세계 최대의 석굴 '아잔타 석굴'이 발견되
는 순간이었다.

　기원전 2세기부터 1세기까지 그리고 기원후 5세기부터 7세
기까지 두 차례에 걸쳐 총 29개의 석굴이 그야말로 깎아지른
절벽의 벽면에 가지런히 만들어졌다. 돌을 깎아 정교한 석상
을 만든 것도 모자라 몇몇 석굴에서는 석고 위에 세련되게 그
려진 프레스코화도 발견되었다.

　아잔탄 석굴은 1,500년 전에 그려진 그림이라고 하기에는
믿기 어려울 정도로 세밀한 묘사와 생동감 넘치는 표현으로 방

문객들을 사로잡는다. 뭄바이에서 약 450킬로미터 떨어진 곳에 위치한 인도를 대표하는 이 석굴은 역사적 종교적 중요성을 인정받아 1983년 유네스코 세계 문화유산으로 선정되었다. 믿기지 않을 정도로 정교한 고대 인도의 조각과 회화를 직접 확인해보고 싶다면 꼭 방문해야 하는 곳이다.

그리스 미술의 영향을 받은 조각, 간다라 미술

아잔타 석굴이 인도 중부에 소재하는 대표적인 불교 미술 유적이라면 인도 북서부에서는 간다라 미술 사조가 유행했다. 간다라 미술은 30년부터 370년경까지 현재의 타지키스탄, 아프가니스탄 및 인도 북서부를 지배했던 쿠샨 왕조에서 크게 꽃을 피운 미술 사조이다.

기원전 323년 그리스의 알렉산더 대왕이 인도의 북서부에 있는 인더스강 유역까지 진출했을 당시 전투에 지친 병사들은 강력하게 회군을 요구했고 알렉산더 대

● 간다라 양식으로 표현된 부처 석상

왕은 결국 병력을 자신의 나라로 돌렸지만 그들의 선진 문화와 예술은 그 자리에 오랫동안 남았다.

그로부터 약 300년이 지나 불교를 기반으로 발전한 쿠샨 왕조에서 그리스 미술에서 영향을 받은 간다라 미술이 나타나 수백 년간 융성했다. 특히 조각이 크게 발달했는데 곱슬거리는 머리에 뚜렷한 이목구비를 가진 서양 사람처럼 생긴 부처의 조각상이 많이 제작되었다. 그리스식으로 표현된 조각 속에 불교의 이상향을 담은 이 작품들은 서양의 아름다움과 동양의 정신세계가 조화를 이룬 독특한 미술품이라고 할 수 있다.

손과 얼굴이 네 개씩 있는 조각상, 마투라 미술

북인도 우타르프라데시주의 마투라 인근에는 색이 아름답고 조각하기 용이한 붉은색 사암이 많이 분포해 있다. 마투라 미술은 이 지역을 중심으로 기원전 2세기경에 처음 나타났으며, 기원후 4~6세기에 전성기를 누린 굽타 왕조 시기에 융성했다가 이슬람 세력이 북인도에 진출한 12세기를 전후로 쇠퇴했다.

인근 지역에서 손쉽게 구할 수 있는 붉은색 사암으로 조각 위주로 발달했다는 점은 간다라 미술과 유사하지만 간다라 미술은 대부분이 불교 석상으로 구성된 반면 마투라 미술은 불

● 굽타 왕조 시기에 만들어진 힌두교 신인 비슈누의 조각상

교 석상 외에 힌두교와 자이나교의 주요 신들도 표현했다. 한마디로 특정한 종교에 한정되지 않고 다양한 종교를 아우르는 미술 사조로 변모한 것이다.

조각 작품의 외형도 서양 사람의 모습을 담은 간다라 미술과는 달리 인도 사람과 유사한 조각상이 많다. 인도의 베다에는 손이나 머리가 여럿인 힌두교의 신들이 등장하는데 이들을 형상화한 조각상도 이 시기에 활발하게 창작되었다.

작은 캔버스에 펼쳐진 아름다운 세계, 무굴 세밀화

인도 미술은 대부분 조각을 중심으로 발달했다. 무덥고 습한 기후와 빈번한 외세의 침략으로 회화 부문은 크게 발달하지 못하다가 16세기 중반부터 19세기 초반까지 인도의 대부분 지역을 통치한 무굴 제국 시대에 들어와서 비로소 발전하게 되었다.

페르시아 지역에서 유행하던 작은 크기의 '페르시아 세밀화'에 영향을 받아 가로 10센티미터, 세로 20센티미터 정도의 화폭에 인물화, 역사적 사건, 풍속화 등을 그린 '무굴 세밀화'가 대표적이다.

무굴 세밀화는 일반적으로 종이에 수채 물감으로 그렸지만 때에 따라서는 금박

● 대표적인 무굴 세밀화

을 덧칠하기도 했다. 벽에 그림을 걸어놓고 감상하는 서양 회화와는 달리 무굴 세밀화는 책의 형태로 제작되어 손으로 하나씩 넘겨보며 감상하는 작품이다. 무굴 제국 후기에는 서양식 원근법이 도입되어 서양 회화와 비슷한 느낌을 주는 작품도 등장했다.

함께 생각하고 토론하기

인도에서는 결혼식에 엄청난 비용을 사용합니다. 통계에 따라 조금씩 다르긴 하지만 불과 며칠간 진행되는 결혼식에 평생 모을 돈의 약 5분의 1을 사용한다는 조사 결과도 있습니다. 1인당 국민소득이 불과 2,400달러에 그치는 중하위소득국가에서 수백 명을 초대해 과시성 행사를 치르는 '흥청망청의 문화'가 지속되는 점을 강하게 비판하는 의견도 많습니다. 반면 서구 사회에 비해 가족과 친족간의 유대 관계가 강한 인도의 문화적 특성으로 봐야 한다는 반론도 있습니다.

● 인도의 결혼식에 대해 어떻게 생각하는지 의견을 나누어봅시다.

● ● 인도, 네팔, 스리랑카 등으로 대표되는 서남아시아의 문화를 경험해본 적이 있다면 어떠한 기회였는지 이야기해봅시다.

● ● ● 음식, 종교, 의복, 예술 작품이나 영화 등에서 묘사된 서남아시아의 다양한 사회적, 문화적 특징에 대해서 얼마나 이해하고 있는지 토론해봅시다.

5부

여기를 가면
인도가 보인다

나는 다른 나라를 '여행자'로서 방문하지만
인도는 '순례자'로서 방문한다.

– 마틴 루터 킹 2세

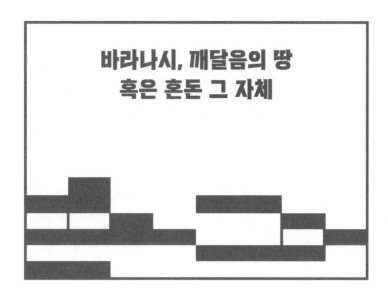

바라나시, 깨달음의 땅 혹은 혼돈 그 자체

　세월이 흐르면 도시는 흥망성쇠를 경험한다. 하지만 왕조가 바뀌고 제국이 나타났다 사라져도 수천 년 동안 사람들이 거주해온 도시들이 있다. 지금으로부터 약 7,000년 전부터 이미 세계적인 대도시였던 그리스의 아테네를 비롯해 기원전 2100년경부터 이집트의 중심 도시 역할을 했던 룩소르, 이보다 더 오래되었거나 비슷한 시기에 만들어진 아프가니스탄의 칸다하르나 잉카 제국의 수도였던 쿠스코 등이 그러하다.

　그렇다면 인도에서 가장 오래된 도시는 어디일까? 이제 타임머신을 타고 지금으로부터 약 2,300년 전인 기원전 12세기 인도 북중부로 떠나보자.

인도에서 가장 오래된 도시는 바라나시라고 알려져 있다. 바라나시가 도시의 형태를 갖추고 역사에 처음 등장한 것은 기원전 12세기경으로 추정된다. 도시의 역사가 오래되다 보니 여러 가지 명칭으로 불리는데 인도 사람들은 바라나시의 원래 명칭인 '카시*Kashi*'라는 이름을 가장 사랑한다. 산스크리트어로 '빛나는 도시'라는 뜻이다.

힌두교의 전설에 의하면 바라나시는 힌두교 세 명의 신 중 하나인 시바에 의해 만들어졌다. 인도 사람들이 자랑스러워하는 대서사시 마하바라타는 기원전 약 400년경부터 쓰인 것으로 알려져 있는데 거기에서도 카시라는 도시가 언급된다. 이렇다 보니 미국의 유명한 소설가 마크 트웨인*Mark Twain*은 바라나시를 일컬어 '그 어떤 역사, 전통, 신화보다도 더 오래된 도시'라고 언급하기도 했다.

인도 사람들이 신성시하는 갠지스강*에 위치한 바라나시는 힌두교에서 가장 중요한 도시이다. 힌두교 제1의 성지이다 보니 인도 사람들은 물론이고 다양한 국적의 관광객으로 항상 북적인다. 바라나시는 인도 하면 가장 먼저 떠오르는 도시라고 해도 과언이 아니며, 또 한편으로는 인도에 대해 외국인

---

* 인도 사람들은 갠지스강을 '강가'라고 부른다.

들이 가진 환상과 편견이 모두 압축되어있는 곳이기도 하다. 누군가에게는 깨달음의 땅이지만 누군가에는 카오스 그 자체인 도시이다.

힌두교에서 가장 성스럽게 여겨지는 갠지스 강가에 위치한 성스러운 도시이지만 생의 막바지에 다다른 힌두교도 중에는 죽음을 맞이하기 위해 자기 발로 찾아오는 사람이 적지 않은 죽음의 도시이다. 이렇다 보니 인도를 여행하는 이들이나 인도에 살고 있는 주재원들에게 물어보았을 때 바라나시는 호불호가 극명하게 갈리는 여행지이기도 하다.

바라나시를 대표하는 이미지라면 갠지스 강변에 설치된 계단식 화장터에서 시신을 화장하는 모습일 것이다. 힌두교도들은 사람은 태어나고 죽기를 반복한다는 윤회(輪廻)를 믿는다. 깨달음의 경지에 오르지 못한 사람들은 그 경지에 오를 때까지 태어나고 죽고를 반복한다는 것이다. 더이상 괴로운 인생의 수레바퀴를 되풀이하지 않으려면 해탈의 경지에 올라서야 하는데 힌두교의 성지인 바라나시에서 죽고 화장을 해 성

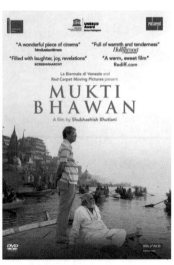

● 2016년에는 묵티 바완을 소재로 영화가 만들어지기도 했다.

스러운 갠지스강에 그 재를 뿌려야 더 이상의 윤회 없이 해탈에 이를 수 있다고 믿는다. 실제로 인생의 마지막 순간에 도달한 사람들이 숙음과 해탈을 기다리며 묵는 묵티 바완이라는 일종의 호스피스 시설이 바라나시에 있다.

이스라엘의 예루살렘이 기독교와 유대교는 물론 이슬람교의 성지이듯 힌두교의 성지인 바라나시에도 불교와 이슬람교의 자취가 남아있다. 바라나시 인근에 있는 사르나트라는 도시는 석가모니가 깨달음을 얻은 후 최초로 설법을 베풀었다고 알려진 곳으로 불교의 4대 성지 중 하나이다.

한편 바라나시를 떠받치는 산업 중 관광 산업을 제외한 가장 규모가 큰 산업은 비단 산업이다. 그런데 놀랍게도 비단을 만드는 직조공 대부분이 무슬림이다. 한마디로 서구의 종교가 모두 만나는 도시가 예루살렘이라면 동양의 주요 종교가 모두 만나는 도시는 바라나시라고 할 수 있다.

이방인은 영원히 이해하지 못할 도시

바라나시만큼 서양의 가치관과 인도의 가치관이 강하게 충돌하는 도시도 흔하지 않다. 대표적인 예로 장례 풍습이 있다. 서구인들과 동아시아인들에게는 입관도 하지 않은 시신을 사망한 지 불과 하루 만에 장작불에 올려놓고 노천에서 태우는

● 바라나시에서 가장 유명한 화장터인 마니카르니카 화장터

인도의 장례 문화가 이질적이다 못해 야만스러워 보인다.

아직도 몇몇 보수적인 지역에서는 화장터에 여자들은 갈 수 없다 하니 이 또한 명백한 남녀 차별로 보인다. 망자를 올려놓은 장작더미에 불을 붙이기 직전 망자의 입속에 넣어주는 다섯 가지 성스러운 물건이 있다. 그런데 그것에 소똥과 소오줌이 포함되어있다는 이야기를 들으면 웬만큼 문화 다양성에 마음이 열려 있는 사람도 비위가 상할 수 있다. 화장을 마친 두개골이 온전히 타지 않고 남아있으면 상주가 두개골을 깨뜨려야 한다는 이야기까지 들으면 오만 정나미가 떨어지는 느낌이 들

● 지위고하를 막론하고 힌두교도는 화장으로 인생을 마감한다. 사진은 2018년 8월 사망한 전직 인도 총리 아탈 바즈파이(Atal Vajpayee)의 장례식이다.

수도 있다. 제아무리 육신에 갇힌 혼을 풀어주기 위한 행위라고는 하지만 불과 어제까지 숨이 붙어있던 제 아버지의 두개골을 어떤 아들이 멀쩡한 정신으로 깰 수 있단 말인가.

하지만 힌두교도들에게 죽음이라는 것은 고통으로 가득 찬 윤회의 사슬을 끊고 영원한 자유를 얻는 인생에서 가장 중요한 과정이다. 그렇기에 언뜻 보면 야만적이기만 한 그들의 장례 의식이 수천 년이 흐른 지금도 계속되고 있는 것이다.

그렇다면 이들의 종교 전통과 사회 관습은 정말로 미개하고 전근대적인 것일까? 그 질문에 섣불리 답하기는 어렵다. 오히려 서구인들이나 동아시아인들이 이들을 이해할 준비가 안 되어있는 것일 수 있다. 창조에서 시작해 심판과 멸망으로 끝을 맺는 직선적인 종교관을 가진 서구인들과 사실상 종교라고 부를 수 없는 유교라는 정치 철학의 지배를 수백 년 동안 받아온 동아시아인들에게는 몇 번을 들어도 헷갈리는 수많은 힌두교 신의 이름과 윤회니 뭐니 하는 이상한 개념이 영원히 풀리지 않는 수수께끼일 수밖에 없다.•

어쩌면 저들은 손을 들어 달을 가리키고 있지만 우리는 그 손끝만 바라보고 있는 것은 아닐까? 1과 1을 더해서 2가 되는 논리의 언어로 인생을 이야기하는 우리와 달리 저들은 운(韻)과 율(律)로 직조된 슬프지만 아름다운 시의 언어로 인생을 읊조리는 것은 아닐지 생각해보게 된다.

• 유교가 수백 년 동안 동북아시아의 정치와 사회를 지배해온 것은 사실이지만 과연 유교를 기독교나 이슬람교와 같은 종교의 반열에 올려놓을 수 있는가에 대해서는 의견이 분분하다. 현대의 종교학자들은 보통 이 세상이 어떻게 창조되었는지를 설명하는 창조론, 살아있는 동안의 행동을 규율하는 종교 윤리, 사후 세계에 대한 설명을 담은 사후 세계관 등이 구비된 사상 체계를 종교라고 본다. 그런 면에서 세상의 창조나 사후 세계에 대한 설명을 제공하지 못하고 정치적, 사회적 행동 규범만을 제시하는 유교는 사실상 정치 철학에 가깝다는 주장이 대세이다.

꾸뜹 미나르,
힌두교와 이슬람교의 충돌과 공존

자, 이제 다시 타임머신에 올라타 모래바람이 쉴새 없이 몰아치는 630년의 아라비아반도 한복판에 위치한 메카로 가보자. 당시 메카 시내에는 새로운 변화의 바람이 불고 있었다. 개혁적인 종교 지도자 무함마드가 1만 명의 지지자를 이끌고 메카에 다시 입성했기 때문이다. 반대 세력에게 쫓겨 메카를 떠나 메디나로 간 지 8년 만의 일이다.*

이후 메카를 중심으로 사방으로 빠르게 세력을 확장하기 시작한 이 젊고 역동적인 종교는 남동쪽으로 꾸준히 세력을

---

* 622년 유일신 알라를 신봉하던 무함마드가 반대 세력에게 밀려 메카를 떠나 메디나로 피난 가게 된 사건을 헤지라(Hegira 또는 Hijira라고 표기)라고 부른다. 이슬람교는 이 해를 이슬람력의 원년으로 삼고 있다.

● 꾸뜹 미나르

넓혀 약 100년이 지난 8세기경에 인도 북서부의 펀자브 지역에서 토착민들이 믿던 다신교와 조우했다. 중동을 대표하는 유일신교인 이슬람교와 서남아시아를 대표하는 다신교인 힌두교가 역사상 처음 마주친 것이다.

이후 약 400년이 넘는 기간 동안 북인도는 이슬람교와 힌두교가 때로는 격렬하게 충돌하고 때로는 지루하게 대치하다가 결국 발달된 군사 전략과 무기를 앞세운 이슬람 세력이

12세기 말경에 북인도를 거의 대부분 차지하면서 다섯 개의 이슬람 왕조가 북인도에서 흥망을 거듭하는 델리 술탄 왕조 시대가 열리게 되었다.

수백 년 동안 북인도에서 이슬람교를 기반으로 하는 다섯 개의 왕조가 이어지는 16세기 초반까지 남인도에서는 다양한 힌두교 왕조가 나타났다가 사라지고를 반복했다. 이러한 패턴은 무굴 제국이 등장해 인도 대륙의 거의 대부분을 통일할 때까지 계속되었다. 북인도에 나타난 다섯 개 이슬람 왕조의 첫 테이프를 끊은 왕조는 노예 왕조인데 꾸뜹 미나르는 바로 이 무렵에 만들어졌다.●

> ### 뉴델리를 방문한다면 놓쳐서는 안 되는 유적

뉴델리를 방문하는 사람들에게 빼먹지 않고 안내하는 유적 지는 바로 꾸뜹 미나르이다. 뉴델리 시내에 소재하고 있어 편하게 갈 수 있을 뿐 아니라 우리가 잘 알지 못하는 12세기 서

● 노예 왕조라는 이름이 유래한 이유는 왕조를 창시한 꾸뜹 알딘 아이박(Qutb al-Din Aibak)의 신분이 노예였기 때문이다. 그는 12세기 후반 아프가니스탄 지역을 지배하던 고르 왕조의 무이즈 알딘 무함마드(Mu'izz ad-Din Muhammad)의 노예였으나 총명함과 용맹함을 인정받아 장군의 지위까지 올랐다. 북인도를 점령하기 위한 원정군을 이끌었으며 원정에 성공하자 북인도에 정착해 노예 왕조를 세웠다.

● 꾸뜹 미나르 첨탑 벽면의 조각

남아시아의 역사가 녹아있는 건축물이기 때문이다.

　주차장과 매표소는 인도의 여느 관광지와 마찬가지로 크게 눈길을 끄는 것이 없다. 하지만 일단 입장료를 내고 내부로 들어서면 생각보다 조용하고 깨끗하게 정돈된 이슬람 사원과 꾸뜹 미나르를 감상할 수 있다.

　미나르는 이슬람 사원의 첨탑을 지칭하는 미나레트*Minaret*를 힌두어식으로 읽은 표현이다. 72.5미터에 이르는 높이의 첨탑은 단번에 방문객들의 눈길을 사로잡는다. 1층은 힌두교 건축 양식에 따라 2층과 3층은 이슬람 건축 양식에 따라 만들어졌다. 벽돌을 하나하나 쌓아 올려 이렇게 높고 큰 탑을 만들었다는 사실뿐만 아니라 거의 900년 전인 12세기 말에 건축되어 현재까지 무너지지도 않고 존재한다는 사실 또한 놀라울 따름이다.

벽돌 탑의 벽면을 자세히 살펴보면 아랍어로 쓰인 코란의 글귀를 발견할 수 있다. 정교하게 새겨진 조각 기술에 감탄이 절로 난다. 1993년 유네스코도 이 건축물이 가진 역사적 문화적 가치를 인정해 유네스코 세계 문화유산으로 지정했다.

이슬람 세력과 힌두 세력의 충돌을 보여주는 건축물

허허벌판에 이 첨탑 하나만 덩그러니 서 있는 것은 아니다. 이슬람 사원을 포함해 다양한 건축물이 첨탑 주변에 있어 둘러보는 재미 또한 쏠쏠하다. 꾸뜹 미나르 첨탑과 이러한 건축물을 모두 묶어 꾸뜹 콤플렉스*Qutub Complex*라고 부르는데 '이슬람의 힘'이라는 뜻을 가진 쿠와트 울 이슬람 사원, 이슬람식 기숙 학교인 마드라사, 꾸뜹 미나르보다 더 크고 높게 지으려다가 공사가 중단된 알라이 미나르 등이 포함되어있다.

한편 14세기경에 인도를 여행한 이븐 바투타*Ibn Battuta*•는 노

• 모로코에서 태어난 이븐 바투타는 21세의 나이에 메카 순례 여행을 마치고 집으로 돌아가지 않고 약 25년에 걸쳐 전 세계를 여행한 후 이를 방대한 여행 기록으로 남겼다. 실제로 그가 여행한 지역은 서쪽으로는 아프리카의 말리, 동쪽으로는 중국의 베이징, 북쪽으로는 베네치아까지 세 개의 대륙을 넘나드는 엄청난 대장정이었다.

● 꾸뜹 미나르 첨탑이 미세먼지 속에 서 있다.

예 왕조가 이곳에 꾸뜹 미나르를 건설하기 이전 큰 힌두 사원
이 있었다고 기록하고 있다. 힌두 사원이 터 잡고 있던 곳에
이슬람 교육 기관, 이슬람 사원, 승전 기념탑까지 건설한 것이
다. 게다가 페르시아를 포함한 몇몇 이슬람 국가에서 발견된
고문서에 따르면 꾸뜹 미나르를 건설하기 위해 수십 개의 힌
두 사원을 허물고 거기서 나온 건축 자재를 재활용했다는 기
록도 있다. 힌두교에 대한 종교 탄압이라고 해석될 여지가 있
는 부분이다.

꾸뜹 미나르가 가진 상징성이 이렇다 보니 힌두근본주의자들의 눈에 곱게 비칠 리가 없다. 일부에서는 쿠와트 울 이슬람 사원에 힌두교 신상을 늘여놓아야 한다는 과격한 주장을 펼치고 있다.[27] 물론 이러한 주장을 하는 세력은 일부의 힌두근본주의자들이고 역사학자를 포함한 대부분은 이 주장에 동조하지 않고 있다.

인도에는 총 40개의 유네스크 세계 유산이 있는데 이 중 32개가 문화유산이고, 일곱 개가 자연유산이며, 나머지 한 개인 칸첸중가 국립공원은 문화유산과 자연유산으로 동시에 등재되어있다. 그런데 인도에 있는 문화유산 중 상당수는 힌두교가 아닌 불교(아잔타 석굴, 엘로라 석굴, 보드가야 불교 유적지), 이슬람교(꾸뜹 미나르, 타지마할, 후마윤의 묘지), 기독교(고아의 성당 유적지) 유산이다. 불교와 힌두교는 물론 이슬람교와 심지어 기독교가 공존하며 아름다운 유산을 창조했던 인도의 역사를 여기에서도 발견할 수 있다.

하지만 다른 측면으로 바라보자면 꾸뜹 미나르는 과거는 물론 현재까지 이어지는 종교 간 충돌의 모습을 보여주는 대표적인 상징물이다. 눈으로 보이는 꾸뜹 미나르는 8세기경부터 시작된 이슬람교의 인도 진출이 12세기 전후로 큰 성과를 맺으면서 만들어진 건축물이지만 속을 가만히 들여다보면 21세기인 현재까지 이어지고 있는 양대 종교 간의 갈등이 응축되어있는 유적지라고 할 수 있다.

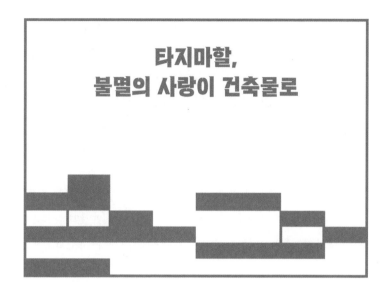

타지마할,
불멸의 사랑이 건축물로

자, 이제 뉴델리에 있는 꾸뜹 미나르를 벗어나 남쪽으로 약 200킬로미터를 달려보자. 도착한 곳은 우타르프라데시주의 아그라라는 도시이다. 그동안 우리의 타임머신은 수백 년의 시간을 건너뛰어 1632년에 도달했다. 북인도를 지배했던 델리 술탄 왕조가 막을 내리고 1526년 세워진 무굴 제국이 남인도의 일부 지역을 제외한 인도 대륙 대부분을 지배했다.

무굴 제국의 제5대 황제 샤 자한*Shah Jahan*은 즉위한 지 5년도 되지 않아 사랑하는 아내가 14번째 아이를 출산하다가 사망했다. 그는 슬픔에 겨워 거의 1년을 두문불출하다가 이윽고 아내 뭄타즈 마할*Mumtaz Mahal*을 위해 세상에서 가장 크고 아름다운 무덤을 짓기로 결심했다. 바로 타지마할이다.

세상을 떠난 아내를 너무나도 사랑했던 샤 자한은 무려 2만 명이나 되는 노동자를 동원해 22년에 걸쳐 아내의 무덤을 건설했다. 하지만 건축 비용이 너무나 막대해서 그 당시 세계에서 가장 강력한 제국이었던 무굴 제국의 재정 상황도 크게 악화되었다. 한마디로 세상을 떠난 왕비 한 명을 위한 건물을 짓다가 나라가 망할 지경이었다.

참다못한 샤 자한의 아들 아우랑제브가 1658년 반란을 일으켜 아버지를 아그라 포트에 유폐시켰다. 결국 샤 자한은 1666년 사망할 때까지 창문 밖으로 타지마할을 안타깝게 바라볼 수밖에 없었다. 하지만 샤 자한 역시 타지마할에 묻혔으니 두 사람의 열렬하고 지순한 사랑은 죽음마저 뛰어넘은 셈이다.

인도에서 꼭 한 번 방문해야 하는 세계적인 건축물

인도에서 놓치지 말아야 할 관광지를 딱 하나만 골라달라'고 한다면 망설이지 않고 타지마할을 추천할 것이다. 타지마할은 건축미의 측면에서도, 역사적 측면에서도 심지어 건물을 둘러싼 스토리텔링에 이르기까지 뭐 하나 빠지는 게 없는 그야말로 세계 최고의 건축물이다.

일단 타지마할 정원에 들어서는 순간 눈앞에 나타나는 순백색의 대리석 건물이 보는 사람을 압도한다. 무굴 제국 초기

● 타지마할 정원에서 바라본 타지마할

● 타지마할은 건물 외부는 물론 내부도 완벽한 대칭미를 자랑한다.

● 뒷면에서 바라본 타지마할. 여기서도 완벽한 대칭미를 찾아볼 수 있다.

의 건축물들은 붉은색 사암으로 지어졌는데 샤 자한은 타지마할의 건물 전체를 라자스탄에서 생산되는 귀한 백색 대리석으로 둘렀다. 이전까지의 무굴 제국 건축물과는 차원이 다른 건물이 만들어진 것이다.

둘째, 타지마할은 그 당시 건축 기술과 수학 기술을 총동원해 만든 대칭미의 진수이다. 건물을 둘러싼 정원과 73미터 높이에 달하는 타지마할 건물 자체는 물론 네 귀퉁이에 우뚝 솟은 40미터 높이의 미나레트에 이르기까지 모든 것이 완벽한 대칭을 이루고 있다. 동서남북 어느 방향에서 바라보아도 완벽한 대칭을 이룬다. 건물 외벽은 물론 내부의 벽과 천장, 바닥까지 모든 장식이 한 치의 오차도 없는 대칭이다.

건물 전체가 순백색의 대리석으로 이루어진데다 탁 트인 야무나 강변에 위치해 있어 일출이나 일몰 때는 건물 전체가 햇빛을 받아 시시각각으로 색깔이 변하는 듯한 착각을 불러일으킨다. 인도의 미세 먼지가 비교적 잦아드는 봄이나 가을에 방문하면 푸른 하늘과 대비되는 순백색의 건물로 인해 마치 다른 세상에 온 듯한 착각마저 들 것이다. 인도 정부 역시 타지마할을 '대리석 위에서 펼쳐지는 마법'이라고 소개하며 자랑스러워하고 있다.

역사적으로도 중요한 타지마할

그렇다면 역사적으로 타지마할은 어떠한 의미가 있을까? 이렇게 엄청난 규모의 건축물을 막대한 돈을 들여 지을 정도로 그 당시 무굴 제국은 세력이 어마어마했다. 8세기경 인도 북서부의 펀자브 지역에서 힌두교와 조우한 이슬람 세력은 남동쪽으로 계속 세력을 넓혀 12세기 후반에는 델리 인근을 완벽하게 점령하고 꾸뜹 미나르를 세웠다.

그 후로도 이슬람 세력은 남쪽과 동쪽으로 진격을 거듭하여 샤 자한과 그의 아들 아우랑제브 시기에 이르러서는 남인도의 일부 지역을 제외한 인도 전역을 통일했다. 한마디로 타지마할은 무굴 제국 최고의 전성기에 최대의 공사비를 들여 지은 최고로 아름나운 선물이라는 뜻이다.

물론 그 당시를 살았던 무굴 제국 주민들은 공사에 시달리고 세금을 내느라 무척 고통스러웠을 것이다. 하지만 아름답고 지고지순한 사랑이 불멸의 건축물이 되어 매년 800만 명이 넘는 관광객을 불러 모으는 세계적인 문화유산이 되었으니 후대를 살아가고 있는 우리로서는 감사할 따름이다.

타지마할의 축소판 후마윤 묘지

한 가지 재미있는 사실은 타지마할의 축소판이라고 불릴 만한 무굴 제국의 건축물이 심심치 않게 존재한다는 점이다. 그중 가장 대표적인 건축물이 뉴델리에 있는 후마윤 묘지*Humayun's Tomb*이다. 타지마할보다 약 60년 전에 지어졌으며 타지마할과 닮은 점이 너무나도 많다.

후마윤 묘지는 인도 대륙에 만들어진 최초의 정원식 무덤으로 무덤이 되는 중앙 건물과 이 건물을 둘러싼 정원, 그리고 페르시아 무덤 양식을 인도에 최초로 도입한 사례였다. 후마윤 묘지는 붉은색 사암으로

● 후마윤 묘지

만들어진 점만 제외하고는 타지마할과 디자인이 거의 흡사하다. 완벽한 좌우대칭으로 설계된 건물은 동서남북 어느 방향에서 보아도 똑같은 모습이다. 코란에 인급된 '친국의 징원'을 조정으로 구현한 야외 정원도 타지마할의 정원과 매우 흡사하다.[*] 후마윤 묘지에서 건물 외벽만 흰색 대리석으로 바꾸고 구석에 네 개의 미나레트만 건설하면 그대로 타지마할과 빼닮은 건물이 될 것이다. 실제로 타지마할을 건축할 때 후마윤 묘지를 상당 부분 참조한 것으로 전해진다.

북인도에 정착한 이슬람 세력이 만들어낸 건축 양식을 '인도-이슬람 양식'이라고 부르는데 건축 전문가들은 후마윤 묘지에서 타지마할로 넘어가면서 인도-이슬람 양식이 완벽하게 꽃피웠다고 평가한다.

---

[*] 차르바흐 또는 차하르 바흐는 '네 개의 정원'이라는 뜻의 페리시아어로 코란에 언급된 천국 속 사각형의 정원을 말한다. 정중앙을 가로지르는 도보 통행로 또는 물길을 중심으로 좌우대칭으로 나뉘며 주로 인도를 포함한 서남아시아와 이란 등지에서 발견된다.

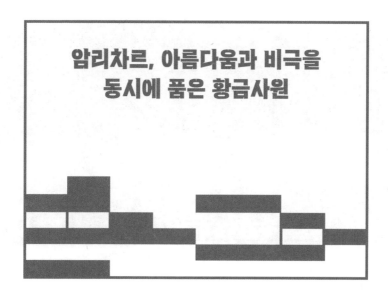

암리차르, 아름다움과 비극을 동시에 품은 황금사원

그치지 않는 비극을 간직한 시크교의 성지

우리가 타고 있는 타임머신은 이제 약 300년을 건너뛰어 1919년 4월 13일에 도착했다. 이곳은 인도 북서부의 곡창 지대인 펀자브 지역의 중심 도시 암리차르이다.

시크교의 성지인 이 도시는 온종일 많은 인파로 북적였다. 겉으로 보기에는 북인도의 봄맞이 명절인 바이사키를 축하하기 위한 것처럼 보였지만 실상은 아니었다. 암리차르에 위치한 시크교의 성지인 황금사원(펀자브어로는 '신의 집'을 의미하는 Harmandir Sahib)에 참배를 마친 사람들이 인근 야외 정원인 잘리안왈라 바그에 모여들기 시작했다. 몇 주 전 공포된 영장과

● 1982년에 개봉한 영화 〈간디〉에서도 잘리안왈라 바그 학살이 자세히 묘사되었다.

재판도 없이 인도 사람들을 체포하고 구금할 수 있는 로래트 법을 규탄하고 영국 군대에 체포된 독립운동가들의 석방을 촉구하는 평화 집회에 참석하기 위해서였다.

잘리안왈라 바그는 직사각형 모양의 야외 정원인데 출입구가 단 한 개뿐이었다. 그 출입구를 봉쇄한 영국 군대가 사전 경고 없이 비무장한 시위 군중을 향해 발포하면서 약 1만여 명이 모여 시작된 평화 집회는 순식간에 아수라장이 되었다. 로래트 법에 반대하며 시작된 평화 집회는 끔찍하게 막을 내리고 만 것이다. 영국 정부 집계로는 약 400명이 사망한 것으로 나왔으나 실제 사망자는 그보다 많을 거라는 주장이 제기되고 있다. 라빈드라나트 타고르는 이 일에 충격을 받아 영국에게서 수여

받은 기사 작위를 반납했다.

안타깝게도 현대에 들어와서도 끔찍한 일은 멈추지 않고 있다. 1984년 6월 1일 황금사원에서 또다시 총성이 울려 퍼지기 시작한 것이다. 시크교도들만의 독립 국가를 만들고자 시도한 이른바 칼리스탄 운동의 주요 지도자들과의 협상이 실패로 돌아가자 당시 인도 총리였던 인디라 간디가 칼리스탄 운동의 지도자들이 집결해 있던 황금사원에 군사 작전을 명령했다. 일주일 넘게 이어진 군사 작전으로 인도 정부군과 반란 세력 수백 명이 사망했다. 시크교도들 사이에 불만이 터져 나올 수밖에 없었다.

몇 달 후 인디라 간디 총리의 경호원 중 젊은 시크교도 두 명이 그녀를 암살하는 충격적인 일이 발생했다. 그러자 이번에는 북인도를 중심으로 힌두교도가 시크교도를 닥치는 대로 학살하는 끔찍한 보복이 벌어졌다. 이듬해 6월 이번에는 시크교 과격 단체가 힌두교도들의 만행에 대한 보복으로 에어인디아 항공기에 폭탄 테러를 가해 300명가량이 목숨을 잃었다. 그야말로 피의 보복이 다시 피의 보복을 부르는 끔찍한 악순환이었다. 국제 사회가 자제를 요구하면서 양측의 극한 대립은 겨우 멈추었다. 시크교에 대한 탄압과 이에 대한 저항은 현대에만 국한된 문제일까? 그렇지 않다.

저항과 개방성이라는 성격을 가진 시크교

시크교는 탄생 직후부터 지속적인 탄압에 시달려야 했다. 양대 종교의 장점을 취했다고는 하지만 이슬람교와 힌두교의 입장에서 바라보면 다른 종교를 추종하는 이단 종교일 뿐이었기 때문이다. 탄압은 단순히 시크교도를 무시하거나 차별하는 정도가 아니라 군사력을 동원해 시크교도가 가장 성스럽게 여기는 황금사원을 약탈한 경우도 여러 번 있었다.

1581년 착공해서 1589년 완공된 황금사원은 1700년대 아프가니스탄 지역에 자리 잡은 이슬람 세력이 융성해지면서 여러 번 약탈의 표적이 되었다. 그때마다 시크교도들은 황금사원을 재건했고 그들의 믿음 또한 굳건히 지켜냈다.

이렇게 슬프고도 처절한 역사를 지닌 황금사원이지만 정작 이 사원은 어떤 종교를 믿든 모든 사람에게 항상 개방되어있다. 직사각형으로 조성된 인공 호수 위에 약 400킬로그램에 달하는 순금으로 외벽을 장식한 황금사원이 마치 섬처럼 떠 있다. 동서남북 사방으로 난 문은 언제나 열려 있고 시크교의 전통에 따라 머리카락만 가리고 신발만 벗는다면 남녀노소 종교에 상관없이 누구나 입장이 가능하다. 힌두교의 악습인 카스트 제도를 배격하는 것에서 한발 더 나아가 남녀노소에 대한 차별을 금지하고 가난한 사람에 대한 자선을 강조하는 시크교의 개방성과 자비로움을 엿볼 수 있는 대목이다.

● 암리차르에 소재한 황금사원

관광객들에게 황금사원은 휘황찬란하고 신비로운 모습으로 강한 인상을 남긴다. 하지만 이런 화려한 외관 못지않게 관광객들을 매료시키는 것은 바로 무료로 식사를 제공하는 랑가르 *Langar*이다. 황금사원 방문객 중 상당수가 랑가르에 들러서 무료 식사를 한다. 매일 수천 명에서 많게는 수만 명에게 무료 식사가 제공되는데 식재료는 기부로 충당되고 요리하고, 급식하고, 설거지하는 모든 사람이 자원봉사자이다.

식당 내부에는 테이블도 없고 의자도 없다. 남녀노소, 지위 고하를 막론하고 작은 식판에 담긴 소박한 채식 식단을 받아 줄 맞춰 맨바닥에 앉아 식사를 한다. 전설에 따르면 무굴 제국 황제였던 악바르 대제도 황금사원을 방문했을 때 동행한 신하

● 아타리에서 열리는 국기 하강식

들과 황금사원에 참배 온 일반 백성과 함께 맨바닥에 앉아 식사를 했다고 전해진다. 절대자 앞에서는 세상의 절반을 다스리는 황제도 그저 한 끼 식사를 통해 허기를 채우는 평범한 인간에 불과했기 때문이다.

암리차르는 인도 북서부에 위치해 있다. 황금사원만 보고 발걸음을 돌리기가 아쉽다면 이곳까지 온 것이 아깝다면 암리차르에서 차로 약 1시간 거리에 위치한 아타리에 가서 열리는 국기 하강식을 구경해봐도 좋다. 아타리는 파키스탄의 와가와 접경하고 있는 국경 도시인데 인도와 파키스탄 군인들이 화려한 옷을 차려입고 매일 국기 하강식을 진행한다. 해 지기 직전 국기 하강식을 하는 양측에는 인도와 파키스탄 국민 수백 명이 마치 운동 경기를 관람하듯 자기 나라 군인들의 동작에 맞춰 환호와 격려를 보낸다.

외국인의 입장에서는 닭벼슬처럼 높이 솟아오른 과장된 모자에 화려한 제복을 입고 하늘로 발을 차올리는 제식 동작의 반복이 조금은 우스꽝스러워 보이지만 인도와 파키스탄 사람들에게는 자국에 대한 자부심을 재확인하는 멋진 의식이다. 또 한편으로는 1947년 독립과 함께 분단된 두 나라의 현실을 재확인하는 자리이기도 하다.

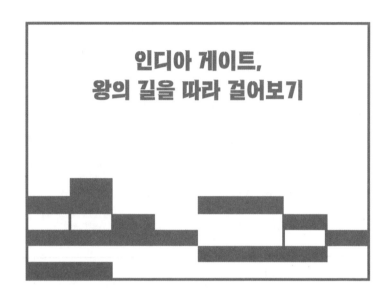

뉴델리의 중심, 인디아 게이트

우리는 지금 1931년 2월 12일 뉴델리 한복판에 도착했다. 도시 전체는 축제 분위기에 들떠 있다. 약 10년에 걸쳐 건설된 전쟁 기념비(이후 인디아 게이트라고 이름이 바뀜) 완공식이 열리는 날이기 때문이다.

인도 북동부에 있는 서벵골주의 캘커타는 영국이 인도에 진출한 이후 수백 년 동안 사실상 수도 역할을 해왔지만 1857년에 발생한 세포이 항쟁 이후 상황이 많이 바뀌었다. 반영 정서가 가득한 캘커타를 떠나 새로운 수도를 정해야 한다는 논의가 영국 정부 내에서 계속되었다.

결국 1911년 기존의 델리(편의상 사람들은 올드델리라고 부름)에서 남쪽으로 조금 떨어진 곳에 깔끔하게 정돈된 계획 도시(지금의 뉴델리)를 만들자는 결정이 내려졌다. 영국의 저명한 건축가 에드윈 루티엔스 경*Sir Edwin Lutyens*이 총책임자가 되어 약 20년에 걸쳐 신도시가 건설되었다. 그리고 이 신도시의 중앙에 인디아 게이트를 높이 세웠다.

인디아 게이트는 42미터 높이에 달하는 웅장한 건축물이다. 1차 세계 대전에서 무려 8만 명에 달하는 인도 군인이 영국과 함께 연합군으로 참전해 목숨을 잃었는데 이들을 기념하기 위해 만든 것이다. 매년 공화국의 날이 되면 인도의 총리는 인디아 게이트에 헌화하며 조국을 위해 목숨을 바친 호국 영령을 기린다. 인디아 게이트 동쪽에는 전쟁기념관이 있다. 인디아 게이트와 함께 전쟁기념관은 목숨을 바쳐 인도를 지키고 보호한 선조들을 기념하는 곳이다.

한편 개선문을 중심으로 사방으로 길이 뻗어있는 파리처럼 인도에서도 인디아 게이트를 중심으로 여러 개의 도로가 건설되었다. 자연스럽게 인디아 게이트는 뉴델리의 중심에서 더 나아가 인도의 중심이 되었다. 이렇다 보니 사회적인 이슈가 발생할 때마다 각종 시위와 집회가 벌어지면서 인도 민주주의와 인권 운동을 상징하는 곳으로 자리매김하게 되었다.

왕의 길을 따라서

인디아 게이트에서 서쪽으로 2킬로미터 조금 넘는 일직선으로 뻗은 도로가 있다. 1911년 뉴델리를 방문해 캘커타에서 뉴델리로의 천도(遷都) 계획을 밝힌 영국의 조지 5세^{George V}는 이 길고 멋진 길을 '왕의 길'이라고 명명했다. 인도가 독립하면서는 힌디어로 번역한 '라즈파트(Raj는 왕, Path는 길이라는 뜻)'라는 이름으로 바뀌었다. 그리고 2022년 인도 정부는 식민 잔재를 청산하는 차원에서 왕의 길이라는 이름을 '의무의 길'이라고 바꾸었다.

인디아 게이트에서 천천히 서쪽으로 걷다 보면 잘 꾸며진 정원과 인공 수로를 만날 수 있다. 그리고 그 왼편에 국립박물관이 있다. 우리나라를 포함한 선진국에서 볼 수 있는 깔끔한 박물관을 기대한다면 조금 실망할 수 있다. 하지만 국립박물관에 발을 들여놓으면 시내 중심가의 소음에서 벗어나 수천 년에 달하는 찬란하고 아름다운 인도의 역사 속으로 들어갈 수 있다. 전시물도 제법 다양해서 교과서에서나 보았던 간다라 미술 작품, 8세기부터 북인도를 끊임없이 침입하고 결국에는 지배했던 이슬람의 예술 작품 심지어 영국 식민지 시대에 뭄바이를 중심으로 만들어졌던 성능 좋은 목선(木船)까지 인도의 다양한 과거 모습을 볼 수 있다.

조금 더 걷다 보면 '라이시나 언덕'이라고 불리는 야트막한

● 2020년 봄에 촬영한 인디아 게이트와 네타지 캐노피. 캐노피 밑에는 원래 조지 5세의 동상이 있었으나 독립 이후 철거되었고, 2022년 수바스 찬드라 보스의 동상이 새롭게 세워졌다.

● 인도 정부 청사가 모여 있는 라이시나 언덕에서 내려다본 라즈파트. 저 멀리 인디아 게이트가 보인다.

언덕이 나오고 언덕 위에 자리 잡은 붉은색 사암으로 만들어진 웅장한 정부 청사 건물이 눈에 들어온다. 인도 재무부, 내무부, 외교부 등 주요 부처의 청사가 바로 이곳에 있다. 그리고 그 끝에는 대통령궁인 라슈트라파티 바완이 나온다. 원래는 인도를 통치하던 영국 총독의 관저였으나 독립 이후 대통령이 사용하고 있는 것이다.

인도는 내각제 국가라서 실질적인 정치 권력은 총리가 가지고 있고 대통령은 대외적으로 국가를 대표하는 상징적인 존재이다. 대통령궁을 포함한 뉴델리 도시 전체를 건축가 에드윈 루티엔스 경이 설계 및 건축했고 1931년 무렵 대부분 완공했다.

지금의 뉴델리는 1931년 당시의 뉴델리보다 훨씬 커졌다. 1947년 독립 전후로 파키스탄에서 넘어온 힌두교도와 시크교도 약 470만 명이 뉴델리에 정착했고 그 결과 뉴델리는 엄청난 속도로 인구가 증가했다. 그리고 인도 독립 75년이 지난 지금, 세계 5위의 경제 대국으로 올라선 인도의 수도이며 전 세계에 점점 더 많은 영향력을 행사하기 시작한 인도를 상징하는 도시가 되었다.

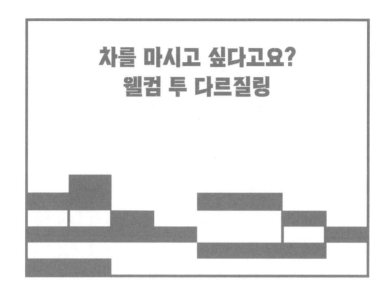

차를 마시고 싶다고요?
웰컴 투 다르질링

우리는 지금까지 수천 년 전의 하라파와 모헨조다로에서 시작된 인더스 문명, 마우리아 왕조, 무굴 제국, 그리고 영국의 식민 지배를 관통하는 수천 년의 역사를 살펴보았다. 그리고 동서남북으로 약 3,000킬로미터에 이르는 드넓은 인도 대륙을 종횡무진 누볐다.

숨 가쁜 여행을 마무리하는 타임머신의 마지막 종착지는 몸과 마음을 따뜻하게 덥혀주는 차의 고장 서벵골주의 다르질링이 제격일 듯하다. 쉼 없이 달려온 우리의 여정을 마무리하면서 따뜻한 차 한 잔을 나눠 마시는 것보다 좋은 마무리는 없을 테니 말이다. 인도 사람들이 사랑하는 차에 대한 이야기를 해보자.

서울보다 더 극심한 교통 혼잡과 긴 출근길을 견디고 회사에 출근한 인도 직장인들은 따뜻하고 달콤한 차 한 잔을 마시며 하루 일과를 시작한다. '짜이'라고 불리는 인도식 차에 대한 인도 사람들의 애정은 대단하다. 최저 기온이 영상 5도 정도로 떨어지는 인도의 겨울은 물론 최고 기온 45도까지 치솟는 한여름에도 이들은 항상 뜨거운 짜이를 마신다. 대개 인도 사람들은 아침과 오후에 각각 한 잔 이상의 짜이를 마신다. 나 역시 짜이의 맛에 익숙해지기까지는 조금 시간이 걸렸는데 이제는 아침에 출근하자마자 짜이를 마시지 않으면 찜찜할 정도로 그 맛에 매료되었다.

인도를 대표하는 짜이는 어떻게 만드는 걸까? 의외로 만드는 방법은 복잡하지 않다. 일단 우유를 적당량 끓이다가 홍차 잎을 조금 넣어준다. 기호에 따라 우유와 물을 2대 1로 섞기도 한다. 자칫하면 우유가 끓어 넘칠 수 있으니 조심해서 끓여야 한다. 홍차 잎은 보통 1인당 티스푼 절반 정도를 넣어주면 된다. 이때 가장 으뜸으로 치는 찻잎이 다르질링에서 생산된 찻잎이다. 설탕을 한 스푼 정도 넣고 약불로 바꿔 짧으면 5분 길게는 10분 정도 조심스럽게 저으면서 더 끓여준다. 한국 사람의 입맛에는 조금 안 맞을 수 있지만 인도 사람 중에서는 여기에 생강이나 마살라를 조금 첨가해서 더 풍성한 맛을 즐기기도 한다.

차^{tea}의 기원은 중국이다. 하지만 오늘날 전 세계 차 산업에서 가장 중요한 국가를 꼽으라면 단연코 인도이다. 세계에서 가장 많은 차를 생산하면서 가장 많은 양의 차를 소비하기 때문이다.

그렇다면 언제부터 인도가 세계 차 시장에서 중심이 될 수 있었을까? 때는 1820년대로 거슬러 올라간다. 막대한 양의 중국 차를 수입하던 영국은 중국과의 무역에서 적자가 지속되자 이를 타개하기 위해 인도에서 재배한 아편을 중국으로 공급하기 시작했다.[•] 쉽게 말해 중국에게서 차를 사들이느라 발생한 무역 적자를 아편을 팔아서 메꾸기 시작한 것이다. 여기서 더 나아가 중국과 기후가 유사한 차 재배지를 찾아 나섰다. 이때 영국인들의 눈에 띈 곳이 강수량이 풍부하고 산악 지형이 많아 일조량도 많은 서벵골주와 인근 아쌈주의 산악 지대였다.

1848년 동인도회사의 요청을 받은 스코틀랜드의 식물학자 로버트 포춘$^{Robert Fortune}$이 중국에서 차나무 묘목과 차 재배 기술자를 몰래 빼돌려 인도로 들여오는 데 성공했다. 지금의 표

[•] 인도에서 재배된 아편은 영국인들에 의해 중국으로 급속하게 퍼졌다. 사태의 심각성을 깨달은 중국 정부는 아편을 강력하게 단속했고, 이에 영국은 자유 무역이라는 명분을 내세워 1840년과 1856년 중국과 전쟁을 벌였다. 이 전쟁을 '아편전쟁'이라고 부른다.

현으로 바꾸자면 로버트 포춘은 당시 세계에서 가장 뛰어난 신기술인 차 재배 기술과 원재료를 빼돌린 희대의 산업 스파이인 셈이다. 서벵골주와 인근 아쌈주 지역이 차 재배에 적합할 것이라는 영국인들의 예상은 적중했다. 로버트 포춘이 인도에 차나무를 들여온 지 채 30년도 되지 않아 인도의 차 산업은 중국을 위협할 정도로 빠르게 성장했다.

현대에 이르러 인도는 중국과 차 시장을 양분하는 주요 생산국이자 소비국의 자리에 등극했다. 중국이 사회주의 노선을 걸으면서 소규모 수공업에 의존하는 행태를 아직도 벗어나지 못한 반면 인도는 이미 19세기 후반에 동인도회사의 계획적인 경영으로 상당한 수준의 경쟁력을 갖추었다. 그 덕분에 인도는 수백 년 먼저 차 재배를 시작한 중국과 어깨를 겨루는 세계적인 차 생산국이 될 수 있었다.

현대화, 상업화 되고 있는 차 시장

하루 종일 매연을 마시며 오토릭샤를 운전하는 운전기사에게도, 밤샘 근무를 마치고 아침도 먹지 못한 채 퇴근을 서두르는 건물 경비원에게도, 새벽같이 출근해서 부잣집 청소를 해야 하는 청소부에게도 따뜻한 짜이 한 잔을 마시는 것은 빼놓을 수 없는 중요한 하루 일과이다.

● 깔끔하고 도시적인 차요스의 매장

인도 대도시나 시골 어디를 가도 길거리에서 차를 파는 짜
이왈라를 흔하게 볼 수 있다. 길거리 한복판에 허름한 냄비를
펼쳐놓고 우유와 함께 홍차 잎을 넣고 끓이는 모습을 보고 있
노라면 향긋한 차의 향기에 기분이 좋아진다.

한편 인도의 차 시장도 현대화의 길에 접어들고 있다. 길거
리에서 제대로 닦지도 않은 냄비에 끓인 차가 아니라 현대식
쇼핑몰에 세련되고 멋진 체인점이 속속 들어서고 있고 이들
중 상당수는 제법 성공을 거두고 있다. 북인도에 사는 사람들
은 잘 모르지만 남인도 하이데라바드 지역에서 처음 시작해 인

● 다양한 차를 판매하는 산차티는 인도의 대표적인 차 브랜드이다.

도 전체에 약 2,800여 개의 매장을 보유한 티타임*Tea Time*이 가장 유명한 체인이다. 이외에 차요스*Chaayos*나 티맥스*Tea Max*도 유명하다. 이들 체인점은 얼핏 보면 스타벅스와 유사한 외관에 유동 인구가 많은 곳에 자리 잡아 젊은 소비자를 유혹하고 있다.

유명 체인점에서 마시는 차가 아니라 직접 차를 사고 싶다면 어디로 가야 할까? 차의 왕국답게 어느 쇼핑몰을 가도 쉽게 구할 수 있다. 하지만 좀 더 전문적으로 다양한 차를 경험해보고 싶다면 차이춘*Chai Chun*을 추천한다. 온라인 및 오프라인 매장 모두 활발하게 영업 중이며 판매량으로 따지면 인도내 1위이다. 북인도에 거주하는 사람들에게는 차이춘과 더불어 산차티*Sancha Tea*가 인기 있는 브랜드이다. 다르질링을 비롯해 아쌈 등지에서 생산한 차를 우리나라 돈으로 약 1만 원 내외의 가격에 구입할 수 있다.

자, 이제 수천 년의 역사를 지닌 세계 1위의 인구 대국이자 세계 5위의 경제 대국 인도를 알아보기 위한 우리의 여정은 따뜻한 다르질링 차 한 잔과 함께 마무리되었다. 차에 들어가는 성분을 가만히 살펴보면 참으로 '인도스럽다'는 느낌이 든다. 뜨거운 여름과 세찬 비바람을 견디며 자란 찻잎을 정성스럽게 수확해 건조 및 가공 과정을 거쳐 만든 차는 인도가 지금까지 걸어온 힘들고 어려웠던 과거를 상징하는 듯하다. 조금은 이질적일 것 같은 우유와 생강 심지어 마살라를 첨가해 풍부한 맛과 향을 만들어내는 것은 인도가 가진 다양성을 상징한다고나 할까? 처음에는 익숙해지기 힘들지만 한번 맛을 들이면 좀처럼 헤어나오기 힘든 매력 또한 인도스럽다.

함께 생각하고 토론하기

인도의 독특한 장례 문화는 외국인들에게 조금은 충격적입니다. 사망한 지 하루 만에 관에 입관하지도 않고 사체를 불에 태워 화장하는 풍습을 미개하다고 생각하는 사람도 많습니다.

● 세계 각국이 가진 독특한 장례 문화에 대해 알아보고 그 의미와 특징을 토론해봅시다.

암리차르의 황금사원에서 발생한 시크교도 진압 작전과 그 진압 작전에 앙심을 품은 시크교도의 인디라 간디 암살 그리고 반복되는 두 종교 간의 보복 활동은 현대 인도가 겪은 가장 충격적인 사건입니다. 안타깝게도 과거의 폭력 사태에 대한 책임자 처벌과 재발 방지를 위한 대책은 아직도 미흡한 상황입니다.
한편 우리나라는 5.18광주민주화운동, 제주4.3사태 등에 대한 역사적 평가가 이미 내려져 있는데도 그 운동의 의미를 평가절하하는 발언들이 이어지면서 이러한 발언을 한 사람들을 처벌해야 한다는 주장이 나오고 있습니다. 하지만 다른 한편에서는 표현의 자유를 억압할 수 있다면서 처벌에 반대하는 입장도 있습니다.

● 역사적 평가가 내려진 사건의 의미에 대해 평가절하하는 사람들을 처벌해야 하나요? 찬반 입장을 나누어 토론해봅시다.

인도가 품고 있는 다양성과 성장 가능성

우리나라와 외교 관계를 맺고 있는 나라 중 인도만큼 그 중요성에 비해 인정을 제대로 받지 못하고 있는 나라도 드문 듯하다. 2023년은 두 나라가 수교한 지 50주년이 되는 뜻깊은 해이고 양국 간의 수출입 교역 규모는 이미 270억 달러를 넘어섰다. 1990년대부터 시작된 양국 간의 경제 교류는 이제 본격적인 궤도에 들어섰다. 우리나라를 대표하는 기업들이 인도의 휴대폰 시장과 자동차 시장에서 막강한 시장 지위를 구축해 영업한 지도 이미 십수 년이 넘어섰다.

한때 사회주의경제 체제하에서 저성장을 겪던 인도 경제가 이제는 본격적인 성장의 길에 접어들었다. 세계가 인도의 성장 가능성에 주목하고 있지만 여전히 인도는 우리에게 '가난한 나라', '지저분한 나라'로 인식되고 있다.

하지만 인도의 실제 모습은 우리가 알고 있는 그런 모습이 아니다. 동서남북 사방으로 네 개의 얼굴을 가진 힌두교 신 브라흐마처럼 인도는 다양한 모습을 가지고 있다. 수천 년의 역사를 간직한 유서 깊은 나라인 동시에 지역 패권국의 지위에서 벗어나 자유민주주의 질서를 이끌어가는 강대국 대열에 합류하려고 노력하는 국가이다. 한편으로는 극심한 가난과 불평등을 극복하기 위해 애쓰고 있지만 다른 한편에서는 세계적 수준의 IT 기술을 기반으로 21세기 경제를 이끌 야심에 가득 차있다. 이제 세계는 그리고 우리나라는 이러한 인도를 받아들일 준비를 해야 한다.

동서남북으로 약 3,000킬로미터의 드넓은 영토에 14억이나 되는 엄청난 인구가 온갖 언어를 쓰고 다양한 종교를 믿으며 살아가는 인도는 그야말로 다양성의 끝판왕이다. 또한 무한한 가능성을 기반으로 빠르게 발전하는 저력을 가진 나라이다.

조심스럽게 예측해본다면 미래에는 '인도' 그리고 '인도 사람'과 교류하지 않고는 살아가기 힘든 세상이 될 것이다. 이 작은 책이 인도는 물론이고 우리가 잘 모르는 세계의 많은 나라에 대해 더 알아보고 경험해보기로 결심한 여러분에게 좋은 길잡이가 되기를 희망한다.

참고 자료

1 자세한 내용은 'China's Population Has Shrunk. India Might Now Be the World's Most Populous Country' 2023년. 1월 17자 Time지 기사 참조

2 Census of India, 2011, Paper 1 of 2018, 'Language: India, States and Union Territories', Table C-16, Office of the Registrar General, India

3 World Economic Outlook Database, October 2022". 국제통화기금(International Monetary Fund) 2022년 10월 11자 발표자료

4 The Countries With The Most Billionaires 2022', The Forbes, 2022. 4. 5.

5 Outlook for India's economic growth and policy platforms', S&P Global, 2022년 11월 21일 발표자료 및 'India's Impending Economic Boom', Morgan Stanley, 2022년 11월 8일자 발표자료 참조

6 우리나라의 재외동포 현황에 대한 자세한 통계는 외교부의 '재외동포 정의 및 현황' https://www.mofa.go.kr/www/wpge/m_21507/contents.do 참조

7 해외거주 인도인 규모에 대한 2018년 기준 인도 외무부의 추산 자료는 인도 외무부(Ministry of External Affairs)의 'Population of Overseas Indians', http://mea.gov.in/images/attach/NRIs-and-PIOs_1.pdf 를 참조

8 '36% of scientists at NASA are Indians: Govt survey', 2008년 3월 11자 The Times of India 기사 참조

9 Revealed: 6,500 migrant workers have died in Qatar since World Cup awarded', 2021년. 2. 23일자 The Guardian 기사 참조

10 Gross Enrolment Ratio up at all levels of school education: Report', The Hindu Businessline, 2021년 7월 9일자 기사 참조

11 India disappoints in educational outcome test', '15. 1. 14자 The Mint 기사 참조

12 India ranks 135 out of 146 in Global Gender Gap Index', '22년 7. 14자 The Hindu 기사 참조

13 World Bank의 'Labor force participation rate, female (% of female population ages 15+) (modeled ILO estimate)', https://data.worldbank.org/indicator/SL.TLF.CACT.FE.ZS

14 인도에서 여성 노동자의 시장 참여가 어려운 이유를 자세히 분석한 기사로는 'Explain Speaking: India is no country for working women. Here's why', The Indian Express, 2021. 4. 3. 참조.

15 인도의 여성 경제 활동 참여율이 지속적으로 하락하는 이유에 대해서 매우 날카롭게 분석한 기사로는 'No place for women: What drives India's ever-declining female labour force?', The Economic Times, 2021. 6. 13. 참조.

16 India's female labour participation rate falls to 16.1% as pandemic hits jobs', Reuters, 2021. 8. 3.

17 자세한 내용은 'Can you tell which Nobel Prize winner named Nobel Laureate Amartya Sen?', 2020. 7. 2자 The Hindustan Times 기사 참조

18 Tracxn의 세계 유니콘 기업 현황 통계(https://tracxn.com/d/unicorn-corner/unit-

ed-states) 참조

19 Maddison, Angus (2003): Development Centre Studies The World Economy Historical Statistics: Historical Statistics, OECD Publishing, ISBN 9264104143, p. 261(참고자료 출처: https://read.oecd-ilibrary.org/development/the-world-economy_9789264022621-en#page643); Maddison, Angus (2007). Contours of the World Economy 1-2030 AD: Essays in Macro-Economic History. Oxford University Press. p. 379. ISBN 978-0-191-64758-1.

20 Jean Dreze & Amartya Sen, 'An Uncertain Glory: India and Its contradictions', Penguine Books, Ltd. 2013., p. 213.

21 Buying Russian gas not funding war? Jaishankar slams Europe criticism of Delhi-Moscow oil trade', '22. 6. 3자 The Print 기사 참조

22 자세한 내용은 https://www.weforum.org/reports/global-gender-gap-report-2022/ 참조

23 자세한 내용은 https://hdr.undp.org/gender-development-index#/indicies/GDI 참조

24 자세한 내용은 Nye, Joseph S.. (2005). Soft power: the means to success in world politics, Public Affairs 참조

25 자세한 내용은 'What the data tells us about love and marriage in India', 2021. 12. 8자 BBC 기사 참조

26 자세한 내용은 인도의 종교간 분리에 대해 연구한 Pew Research Center의 보고서 https://www.pewresearch.org/religion/2021/06/29/religious-segregation/ 참조

27 Plea on Qutub mosque: Historians slam taking history out of context', 2020. 12. 11자 The Time of India 기사 참조

사진 출처

p16 Make My Trip
p18 NPR
p20 International Cricket Council
p22 PBS
p24 www.history-biography.com
p29 위키미디아
p30 (좌)www.herenow4u.net, (우)위키피디아
p35 Map of India

p39 위키미디아
p42 (상) National Portal of India, (하) The Hans India
p43 National Portal of India
p44 (좌) National Portal of India, (우) National Portal of India
p49 위키피디아
p50 인도중앙은행
p56 Flag of the World

※ 이외의 사진은 저자가 직접 촬영한
자료입니다.

나의 첫 다문화 수업 11
있는 그대로 인도

초판 1쇄 발행 2023년 8월 10일

지은이 김기상

기획편집 도은주, 류정화
마케팅 박관홍
표지 일러스트 엄지

펴낸이 윤주용
펴낸곳 초록비책공방

출판등록 제2013-000130
주소 서울시 마포구 월드컵북로 402 KGIT 센터 921A호
전화 0505-566-5522 팩스 02-6008-1777

메일 greenrainbooks@naver.com
인스타 @greenrainbooks @greenrain_1318
블로그 http://blog.naver.com/greenrainbooks
페이스북 http://www.facebook.com/greenrainbook

ISBN 979-11-91266-97-9 (03930)

어려운 것은 쉽게 쉬운 것은 깊게 깊은 것은 유쾌하게

초록비책공방은 여러분의 소중한 의견을 기다리고 있습니다.
원고 투고, 오탈자 제보, 제휴 제안은 greenrainbooks@naver.com으로 보내주세요.